THE LITTLE BOOK OF TIME AND LIFE

なりたい自分になる7つのステップ

藤沢優月

はじめに

この本は、小さな変化を、大きな変化につなげるための本です。

大きく人生を変化させたいと、願う時があります。
単に「飽きた」とか「気が変わった」とかではなく、今、人生を大きく変化させないと、絶対に後悔するという瞬間。

毎日は淡々と、まるで、レールに乗ったかのように、進んでゆく。
でも、心はささやいています。
こんなはずでは、なかったのに。
このままでは、……困る！

心の中で知っているはずの、「その人生」を生きたい。
でも、具体的にどこから手をつけたらよいのか、わからない。時間もない……。

私たちは誰でも、「こうなるといいなあ」という望みや夢を、心に抱えて、日々を生きています。同時に、あなたのその願いには、意味があるからこそ、その「想い」はそこにあります。

でも、その「想い」をかなえるために、日常すべてを投げ出すことは、状況的にできない。

だからこそ、「小さな変化の力」を、なんらかの方法で、大きくできたら……。

そんなことを思った時に、この本を手に取って欲しいのです。


――


あなたが望む人生を、平凡な言葉で言いあらわせば、「幸せな人生」ということでしょう。

さらに、別の言いかたをすると、「第一希望の人生」と言いかえることができます。

あなたの「第一希望」の中身は、もちろん、その時々によって、変わります。

学生の時には、学生なりの、「第一希望の人生」がある。そして社会人になると、「第一希望」も、しだいに変わってゆきます。

あるいは、「第一希望の人生」を望みはじめるのが、ぐっと遅いこともあるかもしれません。辛い出来事を克服しているうちに、当たりまえに時間がたってしまったということも、あるでしょう。

あなたの「第一希望の人生」……幸せ。

それはきっと、単に何かが「かなう」というだけでは、ないでしょう。

それは、願いそのものが「かなう」ことであると同時に、生きる姿勢そのもののことでもあります。別の言葉で言いかえるなら、あなたが、自分の味方であり、人生をぞんざいに扱わないという、姿勢そのもののことです。

あなたが、自分の夢や希望……「第一希望」の、いちばんの理解者でいる。

そうやって生きる人生は、安心で、幸せです。

今から、その人生をスタートすることができます。

そして、そんな時の合言葉は、こちら。


「小さな変化を、大きな変化に」


現状を変えたい。

でも、そのために使える時間は、ほんの少ししかない。


そんな時、目のまえの小さなことを大切にすることによって、あなたの人生に、大きくて優しい奇跡が起こります。

そしてその奇跡は、あなたが「起こす」ものだということを、どうか忘れずに。

この本を通じて、大切な原点に、一緒に戻ってゆくことができますように。

もくじ

STEP 2

幸福な世界に生きることを、自分に許そう

STEP 3

「第一希望の人生」を、見える化する

STEP 4

心の中の「青い鳥」を書き出す

STEP 5

まずは「一日10分」から。小さな時間を生かす

STEP 6

「ネガティブ」にも、意味がある

STEP 7

小さな力を、味方につける

STEP 1

心こそが、
幸せへの入口

「これが私の人生！」と実感して生きる、日々の時間。

素敵なことも、落ち込むことも含めて、

「確かに、私の人生を生きている！」

という、手ごたえや、実感のようなもの。

そんな、あなたの幸せや満足、夢や希望が何なのかを知っている人は、
外側にはいません。
その情報は、全部、あなたの内側にあります。

それゆえ、耳をかたむけ「聞く」ということが、大事になります。

内側に耳をかたむけて「聞く」からこそ、知ることができるからです。

逆に言えば、人生が迷走していたら、それは
「あなたが、自分の意見を聞いていない」
というサインかもしれません。

今すぐ、人生すべてを、変えてしまいたい！
こんな「ポンコツ人生」、投げ捨ててしまいたい！
それほどにイライラし、無気力になり、悩み、迷っている時。それは同時に、「焦っている時」でもあります。

時間だけが、どんどん過ぎてゆく……。
人生はとっくに「決まって」しまっていて、すべてがもう、遅いのではないだろうか……。

でも、大丈夫。

あなたが今、あなた自身に、どんなに「何もない」と感じても。
密かに望む人生から、どんなに「ずれてしまっている」と感じても。
人生を、幸福なほうに向けてゆくために、手がかりとなるようなキャリアや土台、資格、人生経験が「何もない」と感じても。

あなたが今いる場所。

1

幸せに必要なものは、全部内側にある

そこから立ち上がって、幸福な人生を築いてゆくためのものは、あなたの中にもう、全部ある。

今いるところから、あなたの「第一希望の人生」にたどりつくために必要な、すべてのこと。

それはすべて、「今」この瞬間も、あなたの中に全部ある。

だからこそ、「今とは違う人生がいい」という「想い」もまた、あなたの心の中にあるのです。

もし、そもそもあなたに、ぜんぜん関係ないものであるならば。

その「想い」すら、もともとあなたの中には、ないに違いありません。

あなたの人生を幸福にしてゆくための、さまざまな力や可能性、才能やヒント。

それは、今この瞬間も、あなたの中に、全部ある。


「……そんなことを言われても、どこにも見当たらないよ」

「ないよ」


そんなふうに感じられても、無理はありませんよね。

確かに、今のあなたには、見えていないかもしれません。


というのは、こういうこともまた、言えるから。

順調な時、人はわざわざ、立ち止まらない。

ですが、疲れ果てて、「もうダメだ」と思った時。人ははじめて、立ち止まります。

ピンチが極まった時は、頭の中の「こうあるべき！」という思い込みが崩れる。どう動いても、今までのやりかたが通用しなくなったことを、やっと悟ります。

2 キーポイントになる時間は、「今」

すると、不思議なことが起こります。

皮肉にも、立ち止まってはじめて、周りの景色が目に入ってくるのです。

たとえるなら、目のまえの看板に、

「全部は『今ここ』にあるから、大丈夫だよ」

と書いてある文字が、目に飛び込んでくる感じ。

しかもその文字は、ずっとあった。ただ、見ていなかっただけ。


「今までのやりかたは、通用しないんじゃないか」

そんなふうに立ち止まる時ほど、心がふと、ひらかれます。

状況に、なかば強制的に立ち止まらせられるからこそ、別の道が目に入るのです。

たとえばあなたが、この本を手に取ったように。

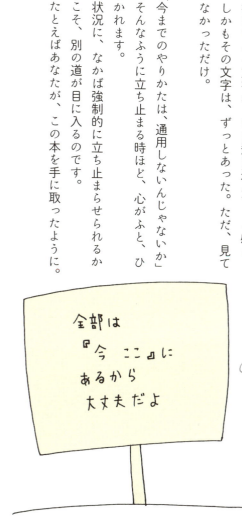

3

変化することは、最初は、怖い

「わかっている」のに、なぜ、なかなか立ち止まれないのか。今のやりかたが、うまくゆかなくなりつつあるのに、なぜ、長いことしがみついたまま、手放せないのか。

実は、とても簡単なことです。でも重ねて、状況がピンチにおちいっていない時は、なかなか目に入りづらいこと。


それは、変化してゆくことは、怖いということ。

どういう結果になるか、予測がつかないし、どこにたどりつくかも、わからない。


受験の時を、思い出してください。

合格するか、落ちるかわからない。そしてそれによって、人生が大きく変わってしまうかもしれない、あの緊張感。

しかも人生の変化の場合は、受験と違って、模試も過去問も、存在しない。

この、予想の出来なさ、宙ぶらりんさ、不安定さ……。

加えて、こんな理由もあります。

願う人生が、本当に現実になったら、……どうする？

そんな人生、まだ経験したことがない。

たとえば仮に、幸せになったら、そのぶん、不幸が来ない？ 今まで、かなったことよりも、かなわなかったことのほうが、多いし……。

変化とはこのように、未知のことがらの洪水。

すると、まさにその瞬間。

「遠くの仏より、近くの鬼」現象が発生します。

少し遠くにある「まだ経験したことのない」幸せよりも、今ここの「慣れたぬるま湯」のほうが我慢できると、反射的に感じてしまう。

それゆえ、こんなことも起こります。

変化の資源である「今」という時間を、ついつい、惰性の用事で埋めることで、「遠くの仏」から逃げてしまったりする。

いちばん便利なのは、ネットの世界に逃げ込むこと。ネットに注意をつなげれば、意識を完全に奪ってゆくニュースや、誰かの素敵な世界の中に、しっかり逃避できます。擬似的に、かなったような体験まで、できてしまう。

もし、これらの現象が起こっていたら、立ち止まってみて。我に返ってみるのです。

なぜなら、同じ注意関心のエネルギーを使って、あなたの「実際の世界」を素敵にすることだって、できるのだから。

「第一希望の人生」を、遠くにある、「憧れの」「何か」として、距離を置いてきたなら……。

もしかして、こんな価値観を、教わった可能性があります。

「誰かのために、一生懸命尽くせば、かわりにその人が今度は、あなたのために尽くしてくれる」

実際これは、私たちの多くが、無意識に信じ込み、無条件に信奉してきた人生観かもしれません。

「自分を犠牲にすることが、幸せになるために、必要なことなのよ」

「『善い人』には、いつか必ず、幸福がおとずれるのよ」

学校でも、社会でも、道徳の教科書や、美談的なストーリーを通じても。犠牲的なことはよいことと、なかば盲目的に、私たちは教え込まれてきました。

でも、なぜだろう。いつまでたっても、「私の順番」が来ない。「私

4
「あなたが」「あなたの」人生に、本気になる

の順番」が来て、私の人生がスタートするのは、いつよ!?

この、自己犠牲的な考え。もしかして、私たちから都合よく、時間やエネルギーをこっそり搾取したい人が、「布教」してきたことかもしれない。私たちは、彼らのずるっこに、無意識のうちに巻き添えになっているかもしれない。

その結果、あなたの時間が、みるみる目減りしているかもしれない。あなたの時間は本来、あなたの人生をつくるためのもので、あるはずなのに。

もし、心当たりのある状況に、おちいっているなら。
あなたが、あなたの「第一希望の人生」に、本気で取り合わなければなりません。
たとえ、今の現状がぜんぜん、思い描いたように、理想的ではなくとも。今この瞬間に、スイッチを切り替えて、本気になるのです。

この人生は、たった一度きり。
昨日があっという間で、先週があっという間だったように、時間は、あっという間に過ぎてゆく。

これが、この時間の上での事実。
あなたがこれを読んでいる、この一年も、とても、あっという間でしたね。

その一方で、なんとなくなじんでいるのは、皮肉にも、こんな感覚かもしれません。

——いつか偶然、「これだ！」というものに出会えれば、人生が変わる

——その、「これだ！」というものに、出会うことが大切

——それが何かはわからないが、それは、偶然「与えられる」出会いみたいなもの

5
想いと連動して、人生は必ず動き出す

——それにさえ出会えば、人生が一瞬で変わる。だから、すべきことは、「それ」に出会うこと

冷静な目で、見てみよう。

このことを別の言葉で言えば、「待ちの姿勢」ということ。いうなれば、自分の人生なのに、受け身で、誰かに任せている状態。

もしそうなら、いつまでも人生がスタートしないように感じるのは、当然かもしれない。なぜなら、あなたの人生を導いてくれる「誰か」など、本当は存在しないのだから。

自分の人生なのに、正体のわからない「誰か」に、暗に左右されている時間。

それは、不安で不安定ですね。

でもそのかわりに、人生を、自分で決めて、自分の足で歩いてゆくこともできます。

あなたの人生の主役は、本当に、あなた自身。それゆえ、その考えにもとづいた方法のほうが、きっと、うまくゆくでしょう。

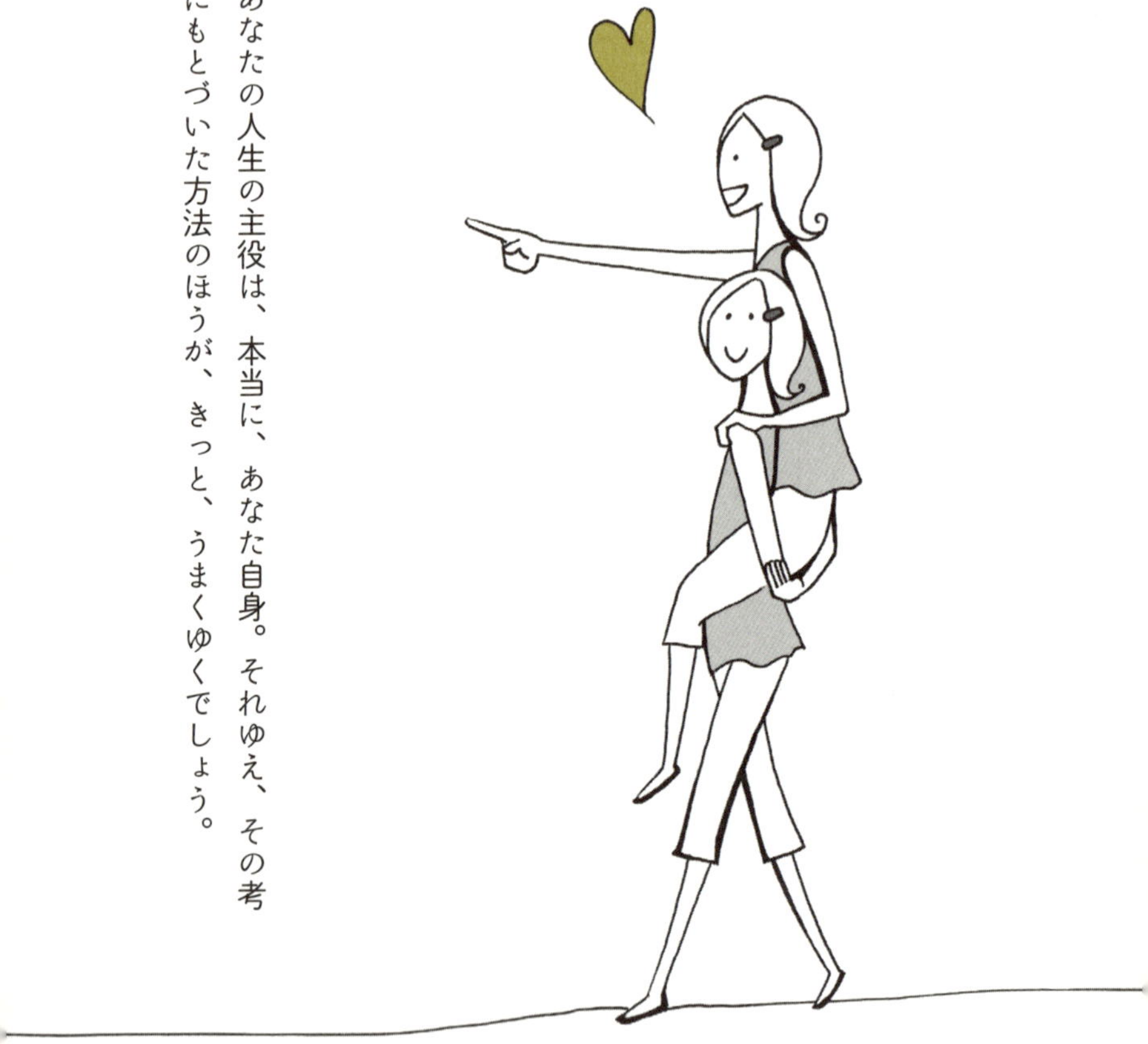

正体のわからない「誰か」に期待したところで、その「誰か」は、あなたの人生まで背負えない。あなただって、他の誰かの人生は、背負えないでしょう。

でも、自分の人生なら、背負えます。
もっといいことは、自分を幸せにしてゆくことなら、喜んでできるということ。

あなたが好きなことや、「こうなったらいいな」ということ。
「こうだったら、もっとやる気が出るのに！」
ということ。
そのすべては、ほかならぬ、あなた自身が知っています。
そのために、喜んで行動できるのも、あなた自身。
あなたが主役で生きる、あなたの人生。
それは、本当は自由自在で、とても楽しいものです。

6
「直す」より、よさを探そう

あなたが、あなた主役の人生を生きる。そのために、とても重要なことがあります。

それは、「あなた自身と親友になる」こと。

まるで、ひとつずつ、積み木を重ねてゆくように。自分との間に、信頼関係を積み重ねてゆくのです。


逆を言えば、自分を馬鹿にしたり、けなしたりするのを、やめること。

今すぐ。


「ほら、またできない。なんでこんなに、ダメなの？」

「どうして私は、～さんみたいに、かわいくないんだろう」

「どうして、～さんのような能力を、持っていないんだろう」

「私って、本当にダメ」


こんなふうに、しじゅう誰かとくらべて、粉々になるぐらい、自分の人間性を罵倒しているなら。それって実は、ぜんぜんいいことではない。

人間性を批判されたり、罵倒されて、誰ものびない。「もっとよくなろう」とも、思わない。

むしろ、人間性を批判されたり罵倒されたりすると、心が縮んで、逃げ出したくなります。

同じことを友達から言われたら、あなたはその人と、また会いたい？　ずっと、友情を保てる自信がある？

じゃあ、一生一緒にいる、自分とは？

人生の時間は、限られています。

それゆえ、何かをずっと「直して」、完璧になるまで自分を「検

閲して」「叩いて」「修正」していたら、それだけで、「第一希望の人生」にかけられるはずの、持ち時間が終わってしまう。

だから、今この瞬間から、こう考えてみることが必要。

本気で、信じるのです。

批判するかわりに、どんな自分でも、受け止める。

心をひらいて、自分を理解しようとつとめる。

本当に、そうする。

それが、「あなた自身と親友になる」ということ。

別の言葉で言えば、無条件で、自分の味方になるのです。

そういう人が、あなたの人生にいると、がんばれる気がしませんか？

でも本当は、いるのです。

それが、ほかならない、あなた自身です。
あなたの大親友は、実は、あなたのいちばん近くにいました。

COLUMN 1

「第一希望の人生」をかなえる

この本を書いている時点で、出版という仕事をスタートして、十七年目になります。

雑誌の経験が一年、そして、残りの十六年は、ずっと書籍。

では、その前は？　というと、この本を読んでくださっているあなたと、多分似ているかもしれない。

ぎゅうぎゅうの電車に乗って仕事に行っては、「人生なんて、こんなもんでしょ」と無気力につぶやいたり。さらにその前は、大学とアルバイトをかけもちする平凡な学生。とりたてて華やかな経歴も、ありませんでした。

ところがある日、

「私は、人生を変えたい！」

「このままでは、無理だし嫌だ！」

心は、そう気づいてきました。でも、どうしたらいいのかわからずに、深く、ぐるぐると悩んで……。

じたばたしたあげくに、

「えいっ！」

と、人生コースを変えた、その瞬間まで。私は実は、「心の声を聞く」などということは、理想論だと思っていました。

本に書いてあることや、うまくいっていそうな人が、もれなく伝えていること……。

「自分を信じる」

「自分の声を、聞く」

それが「本当にだったらいいな」とは感じていても、そう生きる権利が自分にあるとまでは、信じる勇気がなかったのです。

信じる勇気のないまま、毎日、毎年、我慢できる限界まで我慢して、爆発して、落ち込んで。それを、何度も繰り返して……。

「どうして、人生はうまくゆかないの？　こんなにがんばっているのに」

そんな、苦々しい日々が、いつ終わるのかもわからないまま、延々と続いてゆきました。

今だからわかるのですが、振り返ってみれば、がんばりにがんばるのは、こんな気持ちからでした。

「私は、こう生きたいの！」

と自分を表現して、それで、うま

くゆかなかったら。

バカにされたり、冷たく断られたり、あざ笑われたりしたら……。

自分の、いちばん深いレベルの望みを拒絶されたら、信じられないほど、傷つく。

今までのがんばりも、全部無になってしまう感じがする。


それよりは、「第二希望」以下でもいいので、確実に何かしらは、かなうほうがいい。

本当は、いちばん欲しいものじゃないけれど、とりあえず、かなえかたは知っているし……。


今思い返せば、「第二希望」以下の人生は、そこそこしか、欲しくないもの。それゆえ、がんばること自体も苦痛でした。

でも、とにかくがんばった。

そうしたら、がんばって、がんばった末に、私の心は燃え尽きてしまった。


ところが、この燃え尽きが皮肉にも、私の転機となりました。


「燃え尽きて、何もかもが、嫌になってしまった。それなら、もう、どうなっても同じだよね」

「もう、やけっぱちだ。人生の先輩たちが書いている『都合のいいこと』を、私も信じてみよう」

「ダメでも、どうせもう、失うものも残っていないじゃない」


人は誰でも、「第一希望の人生」を生きられる。

その考えを、本気の本気で、信じてみよう。


そんな、飛び降りるような気持ちで、一歩を踏み出して、わずか二年。

気づけば、最初の本が出版されていました。


今なら、わかります。

「第一希望の人生」とは、私に合っている人生。

理想で固めた、「他人に見せる用の」人生でもないし、緊張感たっぷりの、「立派な」人生とも違いました。


「第一希望の人生」とは、合っていて、楽しい人生。

合っているということは、現実的に「かなう」ということでした。

というわけで、ここからは、あなたと私の、対話のスタートです。
心の本音の想いをとらえるには、きっかけがあったほうが便利でしょう？
質問に答える形、書き出してゆく形で、あなたの心の本音に触れてみよう。
なぜなら、あなたにとっての答えは全部、あなたの内側にある。
それゆえ、あなたが、あなたの本音の想いをうまくつかまえられたら、
こっちのものです。
無意識に埋まっている想いは、うまくとらえきれず、よくわからない。
ですが、意識にのぼってきたら、こちらのもの。
質問に答えてゆくうちに、焦点が、しだいにはっきりと、意識化されてくる。
そして、いったん意識にのぼってきたら、その想いはじき、
形を取りはじめます。

WORK-1

心こそが、幸せの入り口

WORK-1-1

「第一希望の人生」が、
かなう人生。
あなたの人生に、
本当にそんなことが
起こると考えたら、
どういう気持ちになりますか？

当然？
それとも、「そこそこのことは
かなうだろうけれど、
いちばんかんじんのことは、
かなわないと思う」？
あなたの本音を、
正直に書き出してみよう。

WORK-1-2

「第一希望の人生」が、かなう。
実際に、生きられる。
そのことの「信じられる度」に、
くるっと丸をしてみよう。
「今ここ」の直感で、大丈夫。
当然、後々変化していっても、
構わないのです。

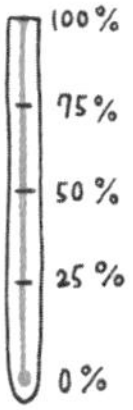

WORK-1-3

もし、「そんな虫のよいこと、信じられない」とか
「まあ、いつか奇跡が起こればね」というレベルのつぶやきが、出てきたら。
それが多分、今のあなたの本音。
その本音も、書いて、残しておこう。

WORK-1-4

あなたには、3の本音を持つだけの、
辛かったり重かったりした経験があったのかもしれない。
だからこそ、そんな過去や経験を否定せず、いたわってあげることも大切。
なんで、そう思うようになった？
3の本音の裏側には、どんな理由があるだろう。

WORK-1-5

本音を否定せずに認めた上で、その上で、
楽しい未来を想像してみることはできるだろうか。
目を閉じて、ハートの中で、イメージしてみよう。
馬鹿にしないで、実際に目を閉じて、1－2分イメージしてみよう。

自分に優しくなって、励ましながら、素敵な未来を想像したら、
それはどんなものになるだろう。
けっこう具体的な描写や、逆に、「こんな感じ」という、大まかな印象でも
大丈夫。浮かんできたことを、書き出して、残しておこう。

想像できないものは、かないようがないこと。
でも、想像できることは、あなたに関係のあること。
つまり、「あなたの人生」において、かなう可能性が十分あることです。

できれば、小さく時間を見つけて、毎日やってみよう。

STEP 2

幸福な世界に
生きることを、
自分に許そう

感謝したり、感謝されたり。褒められたり、認められたり……。
お互いが、お互いの存在を、ありがたく思う世界。
それとは反対に、けなされたり、無理を言われて、
さんざん奉仕させられたあげく、お礼の言葉のひとつももらえない世界。

もしあなたが今、後者の世界に住んでいるなら。
温かな世界が本当に実在して、今この瞬間も、誰かがその中で
生きているなんて、信じられないかもしれません。

この世界の基本のしくみを知ると、びっくりするぐらい、
「あなたの」世界が広がります。

意地悪な上司、きつい友達、厳しいことばかり言う家族……。
そんな時間を生きるかわりに、応援されて肯定される世界に、
見えない「お引越し」をすることができる。

平和で安定した世界に、目に見えない「お引越し」をすること。
その「お引越し」は、あなたが「第一希望の人生」を幸せに生きるために、
必須かもしれません。

1

ふたつの異なる世界が、同時存在している

「同じ『世界』に、まったく異なる『ふたつの世界』が存在している不思議」


私たちが見ているこの世界には、実は、ふたつの世界が、同時存在しています。

それは、あなたという存在が肯定され、受け入れられる、いわば「順風の世界」と、あなたにとって「逆風の世界」。

あなたは今、そのどちらに生きている?


それは、言うなれば、こんなことです。

たとえば、他人のことは、誰でも見えてしまいますよね。

「これをこうしたほうが、もっとよくなるのに」

「このままでは、まずいことになるのに」

それとなく話してみるけれど、まったく聞く耳を持ってもらえない。


でも、不思議です。

まったく同じ提案をしても、「ありがとう」と受け入れられる場所もあるのです。

感謝されたり、「助かったよ！」と言われたり。同じ能力を使って、お金を得ることだってある。

見た目がまったく同じ世界に、異なるふたつの次元が、存在しているかのように。

「順風」と「逆風」、ふたつの世界が、
この世に同時存在しているとしたら。
あなたは、どちらの世界で、時間を過ごしたいですか？

2
「逆風の世界」より、「順風の世界」がいい

もし過去に、チャレンジがうまくゆかなかったり、否定された経験があったとしても、落ち込む必要はない。そのかわり、こんなふうに自分に質問してみればいいのです。

「順風、逆風。どちらの世界で、夢にチャレンジした？」

「逆風の世界」で、いくら「夢をかなえる」にチャレンジしても。費やす時間やエネルギーは無駄に終わり、めんどくさがられ、「余計なことを」という空気が流れ、必要な部分だけちゃっかり搾取されたあげく、うとましがられるかもしれません。……ひどいですね。

おそらくですが、その集団……仕事場だったり、友人関係だったり、家族だったりは、ずっとそのままでいたい。

まさに、「遠くの仏より、近くの鬼」。

人は基本的に、安定が好き。変化は嫌いです。多少欠陥があっても、慣れたものに親しみを感じるように、つくられています。

それゆえ、似た者同士であつまって、いわば同盟を組んで、安定

が崩れないように平衡を保っています。

それゆえ、あなたが突然、
「こんな現状を、変えようよ!」
と言い出すことは、彼らにとっては、見たくないことを、突きつけられている感じがするかも。たとえ、あなたの言い分が、百パーセント正しかったとしても、「そんなこと、何かが崩れてから考えようよ」という勢いかもしれません。

それゆえ、あなたの時間を、幸せなものにするためには、価値観の合わない世界と、いつまでもご縁をいただいているわけにはゆかない。

あなたの存在が肯定され、能力を発揮できる世界に、見えない「お引越し」をする必要があるのは、そのため。なぜなら、何ごとも反対に動く「逆風の世界」では、ただ生きているだけで、きついですから。

「この世界には、次元の違うふたつの世界が、同時存在している」

このことには何となく、みんな、勘づいています。そしてこれを「人生ステージ」とか「エネルギーのレベル」とか、「次元が低い／高い」なんて、表現したりしますよね。

とはいえ、何が「順風の世界」で、何が「逆風の世界」なの？　私は今、どっちにいるの？　という区分けは、判断に迷いますよね。

もしあなたが、報われて、存在を肯定されて、能力を発揮できる世界に、「お引越し」したいとしたら。

その世界とは、「境界線のある」世界です。

これを別の言葉で言うと、精神的に自立した者同士が、住んでいる世界。逆に言うと、ジャイアン的な「お前のものは、俺のもの」という世界でもなければ、シンデレラ的な「いつか王子様が」という世界でもないこと。

3

望めば誰でも、
優しい世界の住人になれる

「私の面倒を見てくれたら、かわりに、あなたを肯定するわ」

とか、

「あれとこれに、黙って無言で目をつぶって、私を肯定してくれたら、一緒にいてあげる」

という世界ではない。

そういう、暗黙の了解的なルールや、「言わなくともわかるでしょ？」という空気が支配している世界ではない。


それぞれが互いに自立していて、ベタベタと粘着していない世界。

それなのに、それぞれの個性が輝いている。

その世界は最初、あっさりして、ちょっとよそよそしく感じるかもしれません。

「察する」とか「黙って動く」とかいうこととは、無縁。

誰もが、自分の人生だけに、責任を持っています。

でもそれは、

「運がいい人、一部の選ばれた人、何かを達成した人、才能のある人だけが生きられる、特別な世界」
「ものすごい熾烈な競争を勝ち抜いて、切符をつかんだ人だけが、
入場できる世界」
ではありません。

「逆風の世界」から、見えない「お引越し」をして、しばらく生き
てみて……。私は、「順風の世界」に生きること自体が、「当たりま
え」ということを学びました。

その人が、その人自身で生きることは、人生の基本。

ただ、その「当たりまえ」を私は、
経験したことがなかった
のでした。

4
肯定されて、生きていい

あなたが、あなた自身として、生きる世界。
ありかたを否定されたり、けなされることなく、人生を一歩ずつ、豊かにしていっていい世界。

それは、言葉を変えれば、こんなこと「ではありません」。
わがままが全部通じたり、好き放題に勝手に生きたり、一切何も言われない、ということではない。あるいは、一切苦しい思いもしなければ、試練も我慢もない世界ではない。

自分が自分として、肯定されない世界に、日々生きていると。つい反動として、真反対の世界を求めてしまいますよね。考えが、極端から極端に振り切れてしまって、真反対の「夢の世界」に、逃げ込んでしまいそうになります。
でも、「順風の世界」とは、そういうことではない。

「順風の世界」は、それぞれ違う個性を持った人がよりあつまって、お互いを生かし合い、共に豊かになる世界。

もちろん、違う個性同士ですから、意見が違うこともあります。

それでも、

「お互いがそれぞれ、自分の得意を生かして、協力する」

「それぞれが違う力を持っていると、助け合えるので便利だね」

という価値観の世界です。

もちろん、言葉通りに、きれいなことばかりじゃない。
でも、その世界は、何もかも「逆風」に働く世界にくらべたら、
地上の天国のように思えます。
第一、悩んだり試練があっても、出口もあるし、幸福も成長もあるのですから。
それだけで、いい感じでしょ？

だんだん、全体像が見えてきました。


私たちが持っている時間や、内に秘めたエネルギー。

それは、私たち自身が幸福な世界に住み、自分を生かし、鍛え(!)、幸せになるために役立てるもの。そのために、天からプレゼントされた、無償のギフトです。

そのギフトを使って、私たちは誰もが、自分に合ったやりかたで、人生を組み立ててゆきます。


全員の「第一希望の人生」は、全員違う。

それゆえ、あなたオリジナルの「第一希望の人生」を実現するための、自分らしい才能や資源も、ちゃんとセットで与えられている。


その証拠に、どん底の状態から、自分が肯定される世界に「お引越し」し、自分らしい人生を、ひとつずつ打ち立ててゆく時。

最初のポイントとなるのは、「時間」です。

5

幸福な世界に、見えない「お引越し」をする

学歴とか資金、人脈がないと、望む人生がかなえられない……。

そんなふうになっているなら、生まれた時点で、人生が決まってしまうでしょう。


でも実際は、そんなことは、ない。

その証拠に、時間なら、誰にでもありますね。

しかも「小さな時間」なら、なおのこと。


つまり、誰でも、いつからでも、人生を再スタートさせられるということ。

あなたの、手持ちの時間を使って。

まるで、エマージェンシーキットも、ピンチとセットで与えられているようなもの。

そして、エマージェンシーキットの中で、いちばん最初に取り出す必要があって、かつ最重要なもの。それが、あなたの「時間」です。

COLUMN 2

「逆風の世界」と「順風の世界」

同じ世界の中に、異なるふたつの世界がある。
それらが、まったく同じ現実の中に、同時存在している……。

こんな不思議な話ですが、ホントだな、と思うのです。

というのは、私が長いこと慣れ親しんだ「逆風の世界」では、ものごとが本当にうまくゆきませんでした。

何かひとつを成し遂げるのにも、反対意見、批判の嵐、否定や雑言。それらを押しのけることすら、骨が折れる……。

生まれてから、そのような世界しか知らなかった。そんな私にとって、ものごとは、「キホン、うまくゆかない」が前提。

おまけに、こんなふうに、よく言われていたものです。

「幸せになるには、とてつもない努力と労力が要る」

「望み通りに生きられる人なんて、ほんの、ひとにぎり」

当然私は、こんなふうに考えるようになりました。

「つまり、ほとんど無理ってことね」

「幸せになるために、死ぬほどの努力が要るなら。……いいわ」

「今ですら、こんなにしんどいのに。もう、限界」

そうやって私は、なかば人生をあきらめたように、日々の時間を送っていました。

そんな、日々の時間はといえば、「消化時間」。

なぜなら、どうせ自分の望む人生が送れないなら、何のために努力をするのか、さっぱりわからないから。

ところが、先にお話ししたような大きな転機に、私は直面しました。そして、崖っぷちのあげく、

「せっかくなら、死んだ気で、一度だけ生きてみよう」

そうして飛び込んだ、新しい世界……。

一瞬にして、奇跡が起こったわけでは、ありませんでした。

でも、今振り返れば、確実に奇跡だったのだと思います。

「あれっ?」

新しい世界に「お引越し」した私は、じき、以前住み慣れた世界と、様子が違うことに気づきはじめました。

否定されないのです。

うまくゆかないことは、あいかわらず、いろいろある。でも、どうやら、逆風は吹いていない。

「順風の世界」もまた、話し合うべきことや、折り合ってゆくことは、山ほどある。

ダメなことを全肯定される世界でもないし、嫌な思いをすることが、ぜんぜんない世界でもない。

でも、どうやら同じ方向に向かって、進んでいるらしい。

削り合ったり、足りないところをなじったりする世界ではなく、どうやって豊かさを生み出してゆけるかを、共に考え、高め合うルールになっているらしい。

……ああ、なんだか素敵じゃない? この感じ。

と思った時。

ハッ! と気づいたのです。

私は、いつのまにか「順風の世界」に、見えない「お引越し」を完了していたのでした。

この「お引越し」、もちろん、あなたにもできます。

「順風の世界」に定員指定もないし、入場規制もありませんから。

WORK-2

幸福な世界に生きることを、自分に許そう

WORK-2-1

あなたは今、「逆風の世界」に生きていると思う？
それとも、「順風の世界」に生きていると思う？

WORK-2-2

逆風があるとすれば、具体的に、どんなところが逆風と感じる？
あなたにとって、「キツイな」と感じるのは、具体的に、どんなところだろう。
何がいちばん、しんどいと感じている？

WORK-2-3

よく見回してみれば、あなたの周りにも、まるで風の吹きだまりみたいに、
ところどころ「順風の世界」が存在しているはず。
たとえばそれは、どんな場だろう。
習い事？ たまに会う友達の輪？

WORK-2-4

「順風の世界」との接点を、もう少し増やすには、具体的にどんなことができるだろう。頭ごなしにばかにせずに、いろいろなアイディアを書いてみよう。楽しい気持ちや、ほっとした気持ちがするというのが、ポイントです。

WORK-2-5

近い未来、「順風の世界」に、見えない「お引越し」を完了したところを
想像してみて。
その世界は、どんな感じがする？
どんな人がいて、どんな場面が浮かぶだろう。
その世界を、ハートのあたりでイメージすると、どんな気持ちがするだろう。
目を閉じて、感じてみよう。
きっとかないますから、心で感じたことを、書いてメモしておこう。

たとえば、書いたのとそっくりなことが、一年後にかなっていたとしても、
びっくりしないでくださいね。
重ねて、意識にのぼらないことは、かないようがない。
でも、意識にのぼりはじめると、それは自然と、形をなしてきます。

できれば、小さく時間を見つけて、毎日やってみよう。

STEP 3

「第一希望の人生」を、見える化する

心の中にある「想い」には、形がありません。
形がないものは、見えづらい。
だからつい、忙しい日々の時間の中で、
いい加減に扱ってしまいがちになります。

すると、ますます現実は、迷走してしまう。
いったい、どっちに行きたかったはずなのか……。

形がなくて見えづらい、あなたの「想い」。
それを「見える化」してゆく必要があるのは、そのため。

しかも、それには、
見えにくいものを「見える化」する道具が、絶対に必要です。

そのための二大アイテムが、「スケジュール帳」と「日記」。
未来軸に向いている道具と、過去軸に向いている道具の、ふたつです。

過去をしっかり振り返って、発見したことを、未来に向ける。
このふたつの間を、繰り返し行き来する。
そうすることで、「今ここ」の私たちの現実が、
力強く変わってゆくのです。

たとえば、

「海外に住みたい！」

という夢を持っていたとします。

その夢は素晴らしいことで、他人に何を言われようとも、あなたの人生にとって、意味のあること。

なぜなら、もしその夢が、あなたにぜんぜん関係のないことなら。

そもそも、あなたの中には、その考えすら存在しないでしょうから。

それゆえ、その夢が、あなたの心の中から湧いてきたという事実を、きちんと取り合わなければなりません。そうでないと、次に進めませんよね。

それなら、次にすることは、忙しい日常の中で時間を取って、夢にしっかり向き合うこと。

心を整理して、何を求めているのか、何が合っているのか、何になら時間を使いたいのかを、ひとつ

ずつ見つけてゆく。
ひらたく言えば、「想い」を本気で、そして具体的に、取り合うのです。

ちなみに、単発的に時間を取ることなら、誰にでもできる。
でも、小さな時間をコンスタントに取り続けてゆくには、やはりスケジュール帳が必要です。

＊どんなスケジュール帳をおすすめするかは、拙著『夢をかなえる人の手帳術』でご説明しています。また、おすすめのスケジュール帳は『夢をかなえる人の手帳』シリーズ。具体的な時間術について、もっと詳しく知りたい方は、そちらをごらんください。

ところで、ちょっと冷静になると、きっと誰にでも、こんなことがあるはず。

「あれっ？」

「気軽な気持ちだったのに、かなってしまった！」

スケジュールを立てて、行動してみる。すると、何かが「かなわない」なんて、ありえない。

望んでいることがかなうこともあるし、「まあまあ、これぐらいでいいかな」なんて考えていたことが、そのままかなってしまうこともあります。

それとは反対に、本来のお願いごととはちょっと違ったけれど、もっとよい形でかなったことも、あるかもしれません。

ちなみに、私たちは、「望み通り」「ぴったり」「かなう」ことが好きですよね。

理想がそのまま形になると、あたかも、自分が肯定されているように感じるからです。

2
時間の「スケジュール帳」。心の「日記」

でもじき、こんなことに気づくはずです。

誰かに

「思い通りに人生が運んでいて、すごいね！」

と言われるよりも。あなた自身が安心できて、幸せで、満足なほうが、数百倍価値がある。

それゆえ、「第一希望の人生」は、じき、こんなふうに変わってくるかもしれない。

「そうか。私は、海外の人がマルシェで買い物して、ていねいな暮らしをするような生きかたが、本当は憧れだったんだ」

「ゴハンぐらい、ゆっくり食べたいなあ」

「ゴハンを、一緒に『おいしいね』と食べられる人と、暮らしたいなあ」

「庭にハーブとか柑橘とかが植えてあって、いつも新鮮なものが手に入るような暮らしが、いいなあ」

他人からどう見られたいとか、「すごい」と思われたいとか。

そういう枠が外れてくると、がぜん、素直な想いがあらわれてきます。


同時に、こちらのほうがもっと大事なのですが……。実は、身近なところに、幸せの素地はもうあると、気づけてくる。

夢は、どこか遠いところにあるわけではない。

「今この瞬間」の中にも、その要素は、あります。


これを検討するのが、「日記」の役割となります。つまり、すでに起こったことを記録して、かなったことに、きちんと気づく。あるいはこれから望むことに対しては、心と対話して、検討して、未来に反映します。


「日記」をつけていると、自分のことが、わかってきます。

日常の時間の中で、

「また今度」

「時間ができたら」

と流していたことが何だったのかを、ちゃんと、つかまえられるようになるからです。

＊拙著『未来日記』で、「日記」の生かしかたをご説明しています。「日記」のつけかたについて、詳しく知りたい方は、拙著『未来日記』をご参考になさってください。

3
「第一希望の人生」を、きちんと受け取る

あなたにも、とても変な癖が、ありませんか？
この癖こそ、私たちを「自分の幸せ」よりも「誰かから見た時に、すごいと思われる価値観」へと駆り立て、余計な回り道をさせ、苦しくさせる癖。

それは、なぜか「許可制である」という無意識の癖。
とても、変な癖です。

「もっと完璧にならないと」
「あの人みたいに、素敵にならないと」
「望む人生がもらえない」

本当に無意識に、こんなふうに、自分の幸せを制限してしまう癖。
「もし〜なら、私はオッケー」と、許可制の条件をつける癖。
それは、暗に、こんな考えに土台しているかもしれません。

人生のいいもの、幸せ、素敵なものは、優秀な人から順番の配給制。
出遅れたら、取り遅れる。
取り遅れないためには、目のまえのこの人、周りのこの人よりも、先んじなければ。
だから、焦る。無意識のうちに、取り合いになる。

……こんな考えの世界に、無意識に巻き込まれている時。
私たちは焦り、まるで宙を掻くようにもがき、虚しくなり、苦しくなります。

でも、この世界は実際、本当の本当は、競争にはなっていない。
もちろん、許可制の配給制にも、なっていない。
私には、私の「第一希望の人生」。そして、あな

たには、あなたの「第一希望の人生」が、ちゃんと用意されている。

そしてそれは、特に競合しない。


もしあなたが、あなたの「第一希望の人生」が何なのかに、気づかないまま、一生を終えるとしたら。

それは誰かに盗られるわけではなく、誰も手をつけないまま、どこかにしまわれたままになるだけ。


あなたや私がすべきことは、それぞれに用意された「第一希望の人生」が何なのかを、探すこと。

そして、自分用のものを、きちんと受け取り、生きること。

自分の足で出かけて、歩いて、この世界に堂々と参加して、堂々と受け取るのです。

この世界には、闘いをうながすニュースや情報が、山ほどあふれていますね。

たとえば、何歳までに、どんなライフスタイルを築かなければ、敗者だというような記事。私たちを焦らせ、さらに多くを買わせ、「早く」「もっと！」と、駆り立てる情報たち……。


日々を生きていると「もれなく」、この情報の影響を受けます。

私たちは、断崖絶壁の上の修道院で暮らしているわけではありませんから、影響を受けないことは、あり得ない。


逆に言うと、この焦りや勘違い、思い込みから、「自分を自由にしてあげる時間」は、絶対に必要。

いわば、自分のエネルギーの中に、頼んでもいないのに、勝手に投げ込まれてくる釣り針を、ひとつずつ外してゆくような時間です。

この時間を、私は、「灯台の時間」と呼んでいます。


静かな時間の中で、自分の心の中心に戻る。

4
立ち止まりの時間は、「灯台の時間」

たとえるなら、少し高い「時間の灯台」にのぼって、あなたの時間や、自分自身をふかんするような時間。「あなたの人生」に要るものと、要らないものを、よりわけてゆくのです。

「はい、これがあなたの人生の仕様書よ」なんて、わざわざ「これがあなたの生きる道」みたいなものを、渡してくれる人はいない。

それゆえ、「スケジュール帳」を使って、立ち止まる時間をつくり、「日記」を使って、振り返りをする必要がある。そうでなければ、忙しい日々の時間の中、つい流されて、迷走してしまうから。流れに巻き込まれず、自分自身の「想い」を、しっかりつかんでおく。

あなたの「想い」や希望、夢をいちばんよく知っているのは、「どこかの誰か」ではなく、あなた自身です。

5
本当に欲しい人生だけを、願おう

現代社会は、「すぐ」社会。

検索して、答えが、すぐにわかる。それゆえ、望みも「すぐに」かなわないと、満足しない。

待てない。

できるだけ、すぐ欲しい。そうでないと、無意識にイライラしてしまう……。

ところが、「すぐにかなわない」ことには、実は、便利なこともある。

なぜなら、私たちは「本当に欲しいものが、欲しい」ですから。

ゴミ屋敷って、見たことありますね。

あれは、「すぐ」社会の産物だと思います。

本当は何が必要なのかを、じっくりと考えてみなかった。そうではなく、「欲しいかもしれないもの」を、手っ取り早くあれこれ買い込んできたら、いつのまにか、大量の山になってしまった。

そんな山を目のまえにして、どれを捨てていいのか、どれを残していいか、わからない。

だって、「本当に」欲しいものは何なのか、自分でも、わからないのだもの……。


とはいえ、ゴミ屋敷なら、モノが目に見えているから、わかりやすいですよね。

「ああ、やっちゃってるな」

「なんとかしなくちゃ」

と、理解できたりする。

ところで、この経験からわかるのは、
「買えるもの」
「手っ取り早く手に入るもの」
と
「本当に欲しいもの」

は、実は、微妙に違うということ。

　人生が提示してくるさまざまな候補から、「本当に欲しいものだけ」を手に入れた時。私たちは、本当の望みが満たされたことを感じて、満足します。


　時間の中におとずれる経験や、人との縁も、これと似ています。どれも、あなたの時間をふさぎ、占めます。

　それゆえ、本当に欲しいものではないものを、たくさん抱え込んだりするなら、縁の規模が大きくなればなるほど、困りごとも大きくなる。


　だから、なんでもかんでも、一瞬にしてかなわないこともまた、恵み。

　少しずつ日常が変わってゆくこと。合わないと思った時に、撤退できる規模で、話がゆっくり進むことは、実は恵み。

「あ、合っているな」と思ったら、もう一歩進んだらいい。

「ゆっくりさ」は、いうなれば、「時間の安全装置」。あなたの時間の「ゴミ屋敷化」を、防いでくれているのです。

本当に意味があって、好きで、私の人生に置いておきたいもので、ゆっくりと人生が埋められてゆく。

その「ゆっくりさ」は、ホッとします。

そうやってつくってゆく「幸せの土台」は、信頼できて、温かい。

時間が進むごとに、幸福の厚みが増してゆく人生は、安心できる人生になります。

適度な「ゆっくりさ」は、実は「第一希望の人生」の、大きな味方です。

COLUMN 3

「競争」から一歩降りてみる

「第一希望の人生」を語る時、いつも壁になってきたのは、こんな考えでした。

競争。

「普通、その人生ステージを経験するのは、この年齢」
「あなたは、スタートダッシュが遅かった」
「ふさわしい年齢から外れてしまったので、もう、チャンスは少ない」
「だから、無理」

いったん、こんな理屈に巻き込まれてしまうと……。もう、何も言えなくなってしまいますよね。

でも、心理学の本にすら、こう書いてある。

「理想のライフステージ通りの人生を送る人は、ほとんどいない」と。

この「もう遅い」病。よく注意してみると、こんな世界観にもとづいている。

この世界のよいものには、限りがあるので、できるだけ早く取らなければならない。そうでないと、あなたのぶんは、なくなるよ。

本当だろうか。

「順風の世界」に、見えない「お引越し」をした私には、しだいに、ことのからくりが見えてきました。

私が「そうしたい」と思った時が、その出来事に対する、私の適齢期。

最初に、職業についてまともに考えたのは、二十歳の大学在学中ではなく、とっくに社会に出た後の、二十七歳。

重要な点は、職業について真剣に考えたのが「二十七歳」ではないこと。職業について「はじめて」「まともに」考えたのが二十七歳というのが、ポイントです。

「競争」の原理にもとづけば、私はとっくに、落伍者だった。

でも実際、私は負けてもいないし、勝ってもいない。

そうではなくて、私はただ、私に合った人生を、合ったタイミングで生きているだけ。

私の人生には、私なりの長所も傷もある。それゆえ、私なりの積み重なりかたのペースもある。そして、自分なりのペースで、一歩ずつ歩んでいる。


だからこそ、わかります。

私の、「第一希望の人生」。それは、私専用の人生。

それゆえ、誰とも争いにならない。

同じように、誰にとっても、「自分専用の人生」というものが用意されていて、それは、早取り競争にはなっていない。

そうではなく、タイミングが成熟して、準備ができた時に、その人生と出会う。


だからこそ、特に大切なことは、こんなことだと思っています。


それは、意識して、心と対話すること。

「準備ができた？」

「準備ができたなら、やってみようよ」

「準備ができていないなら、準備をしようよ」

「第一希望の人生」を、私のタイミングで、都度受け取って、生きる。

それは、徹頭徹尾、私の内側の問題。私の準備ができれば、不思議と、それがやってくるのです。

まるで、「弟子の準備ができた時、師匠がやってくる」というように。

WORK-3

「第一希望の人生」を、見える化する

WORK-3-1

もし、誰とも争いにはならなくて、自分の準備だけの問題だとしたら。
あなたは、どんな「第一希望の人生」が欲しい？
本当に欲しい人生を、遠慮なく書いてみよう。

WORK-3-2

どんな仕事・ライフスタイルがかなったら、嬉しい？
もっと詳しく、掘り下げてみよう。
仕事にのめり込む暮らしがいい？ それとも、家の仕事が好き？
あるいは、どちらもバランスのよいスタイルが、いいだろうか。
かなったら嬉しいことを、書き出してみよう。

WORK-3-3

交友関係・人との交流は、どんな感じがいい？
少しの人と、密につきあうのがいい？ あるいは、さまざまな趣味に
チャレンジしたり、それにともなって、大きく交流を広げたいだろうか。
好みのイメージを、書き出してみよう。

WORK-3-4

どんな暮らしかたが、本当は理想？
自然のある暮らし？ あるいは、大都会暮らしに憧れるだろうか。
豊かさのレベルは？
心の中の想いを、遠慮なく書き出してみよう。

WORK-3-5

ここに書き出した、「第一希望の人生」のイメージ。
それは、競争ではないと、覚えておこう。あなたのぶんもまた、ちゃんとある。
「そうか、あるんだ」ということに、心をひらいたら。
どんな気持ちがするだろう。
どんどん意識して、感じたことを、素直に書いてゆこう。
無意識に流してしまわずに、自分と対話をし続けよう。

できれば、小さく時間を見つけて、毎日やってみよう。

STEP 4

心の中の「青い鳥」を書き出す

時間をつくって、「スケジュール帳」と「日記」をひらいた。
だんだん、自分の気持ちがわかってきた……。

じゃあ、そこから、どうすればいい？
「願いがかなう」って、どういうこと？

「願いがかなう」ということ。
それは、心の中にある、見えない「想い」が、現実の中に、
具体的な「形」として、書き出されてゆくこと。

でも、それは単に、モノやコトが淡々と、
現実に増えてゆくことではない。

「あなたが」想って、希望したモノやコト。それが、時とともに、
現実の中に「形」となって、ひとつずつ増えてゆくこと。

そんな幸せな時間を、どうやってつくってゆく？
心の内蔵電池の力を借りて、つくってゆきます。

心の内蔵電池のエネルギーは、生まれた時の、神様からの贈り物。
そのエネルギーが、内側で光を放っているうちに、
あなたの「想い」をひとつずつ、
具体的な「形」として、現実に書き出してゆくのです。

突然ですが、子どもって、すごいですよね。

何がすごいかというと、天然の内蔵電池がついているのではないかというぐらい、元気で恐れ知らず。

あなたも私も、そうでした。


ところが……。

大人の階段を、一歩ずつ、一年ずつのぼるにつれ。

もともと、内蔵電池みたいにして、内側にあったエネルギーは、目に見えて減ってゆきます。


たとえるなら、時間の進みとともに、放電が進んでゆくような感じ。

それゆえ、この内蔵電池をなるべく早く、目に見える形の蓄熱電池に変換しておくことが大切。

キラキラとした内側のエネルギーが、いつまでも残ると、軽く見ない。エネルギーが手元にあるうちに、それをなるべく、見える

1
才能は、「青い鳥」

「形」として、外側に書き出して、蓄熱してしまう。

そうやって書き出した「形」は、人生の時間が進むごとに、今度はあなたを助けてくれます。


具体的に、どういうことかというと……。


たとえばあなたは、パーティメニューを考えるのが好き？

パーティの主催者になるのが、苦にならないどころか得意？

それなら、友達のケイタリングをしてあげて、それをウェブに上げたり、衛生の資格を取ったりしたら、世界が広がるかも。

あるいは、友人の結婚式用に、動画を編集してあげた？

それは、才能。お金を払っても、その才能の力を借りたい人はいる。


あなたが好きで、楽しくて、自然にできること。それを、こんなふうに「ウェブ」や「動画」として、「形」に

見えるように残しておいたら、どうなるだろう。

私たちは、「外側に」「見えるもの」というと、つい資格を取るとか、そういうことを考えてしまいますよね。

でも、そういう話ではない。

そうではなく、チャレンジを、一定の形として、残しておく。

好きで、楽しくて、合っていることを、本当に小さな一歩ずつでかまわないので、具体的な形にしてみる。

それが、内側の「想い」を、外側に「書き出す」ということです。

心で想い描くと、いずれそれは、「物質化する」。だから、心は上位で、物質や、世のあれこれは、その下位にある……。そう、言い張る人たちがいます。

それゆえ、「正しく念じれば、想念がいずれ形をつくって、物質化する」。そんな話を、誰もが、一度は読んだことがありますね。

この話を、ばかにする意図は、ぜんぜんない。なぜならこの話、物理学や心理学においては、とりたてて目新しいことのない、事実レベルの話ですから。

それゆえ、ここでは、話をもう一歩先に進めることが大事。

私たちは、この物理世界に生きています。

物理世界に生きているということは、身体とかモノとかいう「物質」を介して、この世界とやりとりをしているということ。

でも、それは、

「形＝幸せ」

2
「幸せの土台」づくりは、とても大切

という意味ではない。そうではなく、

「あなたの想いの、あらわれとしての形＝幸せを確認しやすい」

という点が、大事なポイント。

形としての「モノ」は、いうなれば、あなたの「想い」のあらわれです。


「物質にしばられている人は、心が悟っていない」

「物質は下位で、精神は上位」

と言う人がいるかもしれません。でも、この世界が物理世界である以上、精神の充実だけでは、幸せとは感じられない。


この物質界に、私たちは、身体と心を持って、生まれてきています。

物質の影響もまた、とても受けますから、物質という「形」を取った、自分らしい「幸せの土台」があることもまた、とても大事なのです。

実感をともなって、「幸せだな」と感じるための、あなたらしい形を取った「幸せの土台」。

ではそれは、どうやってつくる？　……となった時に、いいことがあります。

あなたはすでに、土台づくりのエッセンスを、内側に持っています。


あなたの子どものころを、思い出してみてください。

自分の得意なことや、興味のあることを、あなたはちゃんと知っていました。

工作が得意な子や、歌が得意な子、スポーツが得意な子。勉強が得意な子や、自然の中にいるのが得意な子。それぞれが、別の種類の「得意」を持っていましたね。

何なら上手にできるか、子どもは本当に素直に、よく知っています。


それゆえ、あなたもまた、どうしたら自分らしい「幸せの土台」

3
あなたの「青い鳥」は、ごく身近に

をつくれるのかを、ちゃんと知っていた。


それなのに今は、こんなふうに考えているかもしれません。

お金にかえられるものといえば、苦労して苦労して、努力の末にやっとできるようになったことでないといけない……。

そうして、まるで押しつぶされるみたいな気持ちで、日々を生きているかも。


でも実は、あなたが、あなたの「幸せの土台」をつくるための資源は、意識すらしないほど、当たりまえのことかもしれない。

親切さ、機転、今までの経験。

あなたがずっと、当たりまえにやってきたこと……。


「そうか！　私はもともと、人と話すことが好きだった。本当は、外で人と接することは、苦手ではない。これを『社交的』というんだ。そんなに、単純なことだったんだ」

「模様替えが好きだった。そのことを、大人の言葉で『インテリアデザイナー』っていうんだ……」

あなたのよさや、才能。
それは、あなたという存在のすぐそばに、まるで、才能という青い鳥が大量に、列をなしているようなもの。

誰もが、自分にとって、あまりに当たりまえのものに、わざわざ価値があるとは思わないもの。
でも、本当は、価値がある。
それなのに、価値にうまく気づけないなら、それはきっと、ないようなものかもしれません。

もしそうなら、あなたの中から価値を再発見するのは、あなたの重要な役目ですね。

あなたにとって、たいした苦もなく、日常の中で、自然にできてしまっているもの。

好きで、合っていて、楽しいこと。

それゆえ「今この瞬間」も、特に意識せずに、自然にやってしまっていること。


そんな大量の「青い鳥」……つまり、固有の才能が、誰の元にもあります。

それなら、内蔵電池のエネルギーが残っているうちに、あなたの隠れた才能を、見える「形」に書き出してゆこう。

具体的に時間を取って調べたり、動いたり、作業したりしながら。

あなたの「想い」を、具体的な「形」に書き出してゆくのです。


それは、「〇〇屋さん」「〇〇業」というほど、くっきりしていないのが普通。

むしろ、最初はこんな感じです。

4 なるべく早く、「書き出し」てしまおう

——細かい作業が、苦にならない？

——正義感がすごい？

——とにかく、面倒見がいい？

——延々、料理をつくっていても大丈夫？　料理を食べさせるのが、趣味？

「そんなことに、いったいなんの価値があるの？」

と言うかもしれませんが、どれも立派な才能。

あなたが、「当たりまえ」と思っていること。

でも、他の人にとっては、それらはぜんぜん「当たりまえ」ではありませんから。

あなたという人の元に、隠れてとまっている、才能の青い鳥。

それを「形」に書き出してゆく。

つまり、初期の内蔵電池の力が効いているうちに、外側に蓄熱電池として、才能を充電し直してしまうのです。


すると、時が経ち、子ども時代から遠ざかるごとに……。役割を終え、しだいに弱くなってゆく、内側の内蔵電池のかわりに、今度は、外側に書き出した、「才能」という蓄熱電池が効いてきます。

今度はそれが、私やあなたを、後押しするエネルギーになってゆくのです。


この、エネルギーの移し替えをするために使うものが、時間。

時間とは本来、あなたの人生の土台を豊かにするために、使うもの。

時間をきちんと使うと、あなたの人生が、驚くほど幸せに変わるのは、そのためです。

5
あなたの「青い鳥」を、形にしよう

時間をかけることで、

「〜が好きです、得意です」

という状態から、

「〜をしています、〜の実績があります」

というふうに、現実を変えられる。つまり、「想い」を、
他の人にとって「見える化」することができるのです。


重ねて、そんなに大それたことではない。

また、誰かから見て、どう評価されるかというのは、関係ない。


そうではなくて、自分一人が心の中でわかっていても、周りと共有ができないとわかりづらいでしょ？

だから、誰かが見た時に、わかりやすい「形」にしておく。

それが、「形に書き出す」ということ。


たとえば、「正義感が強い」なんていう才能が、果たして「形」に書き出しできるのかと思いますよね。

でも、その「正義感」は、あなたが内側に持って生まれた、強烈な才能。あなたの個性を表現する、立派な才能です。

ということは、内蔵電池の効いているうちに、具体的な「形」として「書き出し」たら、あなたの世界が豊かになる。

警察？　消防？　それとも、地元の消防団や、ボランティア？

ほら。

あなたを説明する、具体的な土台が、できてゆく。

こんなふうに、それぞれが、自分特有の才能を生かして、「第一希望の人生」の土台をつくってゆく。

内側にしかなかった「想い」が、時間の上で、少しずつ、外側に「書き出され」てゆく。

するとそれは、集まって組み合わさって、あなたを表現する、具体的な「形」になってゆく。あなた独自の、居場所ができてゆく。

それをするために、あなたの時間があります。

重ねて、誰かに奉仕して、下敷きになって、奪われるために、あなたの時間があるのではないのです。

大丈夫、勇気を出して。

あなたが進めば、現実もまた、進みます。

COLUMN 4

内側の「想い」を信じる

心の光を、まったく失った時があります。

いつかというと、「燃え尽きた」と感じた時。身体も、心も、ぜんぜん動かなくなってしまった時です。

何のために生きているのかも、わからない。生きている意味も、わからない。なぜ、がんばらなければならないのかも、わからない。

「ああ、生きなければ、がんばる必要もなくなるなあ……」

そんなふうに、ぼんやりと考えていた時です。

何を投げかけても、まったく何も感じない心。

この心が、何かを楽しいとか、素敵だとか感じることが、この先あるのだろうか。

私の心は、その時きっと、すべてを停止して、死んでしまっていたのです。

ですが、心とは、私が想像するより、はるかに強い。それはまるで、心自体が、私を動かしているのとは別の電源につながって、意思を持っているかのよう。

小さなころに感じていた、この世界に対する感覚がありました。

それは、こんなものでした。

人生は信じられて、自分がこの世に存在することには、意味がある。この世には、私を必要として、待っていてくれる人たちがいる。私はその人たちに会うために生まれてきたし、心は、そのことが「わかっている」。

そこに、どうやってたどりついたらよいのかも、心は、ちゃんとわかっている。

真っ暗闇の時間の中で、そんなことを感じていたころのことを、私はふと、思い出しました。

その感覚は、稲妻のように、一瞬のひらめき。そして、とても懐かしい感覚でした。はるか子どもの昔に、確かに知っていたような感覚が、一瞬だけよみがえったのです。

その感覚に導かれるようにして、その瞬間ふっと、思ったのです。

世間のいう、「こうするべき」という基準や、「立派だ」という基準。

そういうものは、この際もう、全部放り出して、この記憶のほうを信じてみようか。

どうせ、心も死んでしまったのだもの。もう、どう生きたって同じじゃない。


そうして取り組んだものが、私の場合は、文章。

なぜなら、文章を書くことも、内側の「想い」に耳を澄ますことも、私の日常の中に、ずっと昔から、当たりまえにあったことだから。

ただ、大人たちや親が、

「そんなこと、『現実的』ではない」

「もっと『現実的』なことを、すべきだ」

と、私に強制しただけでした。


しかも、世間の「こうするべき」で言えば、私はまずは、出版の世界に入って下積みをし、その後に認められて、やっと本を書かなければなりませんでした。

でも私は、そうしなかった。

昔からずっと知っていた、内側の「想い」のほうを、信じてみたのです。


すると、どうでしょう。

私の書いた原稿は、とんとんと本になりました。

それから気づけば、十六年が経ちます。そして、その間に書いた本は、四十冊以上。

私は多分、心の内蔵電池の輝きが、ぎりぎり生きている時に、内側の「想い」を信じてみることができたのかもしれません。

心の中でずっと知っていた「想い」のほうを、かろうじて信じてみて、それを「形」として現実に書き出した。すると、そこをスタート地点として、「これが私」という人生が、ちゃんと展開してゆきました。


心は、強い。

心の内蔵電池の充電が、まるで、非常電源をぎりぎり残したみたいにして、ちゃんと残っていたかのようです。

たとえ私たちが、「もう無理だ、助けて！」という状況にいたとしても。

心は、ブースタースタートができるぎりぎりの初期充電を、必ず残してあるのかもしれません。

心は、賢い。

心は、私たちにとって、世界でいちばん信頼できる味方です。

WORK-4

心の中の「青い鳥」を書き出す

WORK-4-1

あなたは、どんな子どもだっただろう。得意だったことは、何？
よく褒められたり、自分でも「才能だった」と感じることは、何だっただろう。
遠慮することも、謙遜する必要もないので、書き出してみよう。

WORK-4-2

過去も、そして今も。
あなたのよさ、素晴らしさ。それは、どんなことだろう。
礼儀正しいこと？　親しみ深いことだろうか。
責任感があって、しっかりしている？
謙遜は必要ないので、自分のよさと感じることを、たくさん書き出してみよう。

WORK-4-3

あなたには、どんな「才能」……特技や得意があるだろう。
どんな小さなことでも、大丈夫。
なぜなら、ユニークさは、組み合わせの妙にあるから。
たとえば、「英語が話せて」「親切」「人なつこい」なら、それだけでもう、
適した才能が浮かびそう。実は、接客が好き？
あるいは、ウェブサイトをつくれる？ ことあるごとに、ずっと、幹事だった？
ありったけの、小さな「才能」の数々を、全部書き出してみよう。

WORK-4-4

さらに掘り下げよう。
あなたの「才能」は、もしかしてあなたが、
何とも思っていないことも含まれているかもしれない。
たとえば、旅行の計画を立てるのは、いつも自分？
パパッと仕切ってしまう？
おとなしいのに、人はなぜかみな、
あなたに話を持ってくる？……つまり、聞き上手なのかな？
無意識に、でも自然にできてしまうことを、思いつくかぎり書き出しておこう。
自分をよく、観察してみよう。

WORK-4-5

あなたは、どんな生きかたに、心惹かれますか？

漠然としたキーワードで、大丈夫。

「自分の個性を生かしてできる、小規模な仕事に興味がある？」

「世界中を、自由に旅できる暮らしに憧れる？」

今現在感じる、あなたの理想の「第一希望の人生」を、
遠慮なく書き出しておこう。

もちろん、後から変わっても、更新されても大丈夫。

「今ここ」の「第一希望の人生」を、記録しておこう。

内側の「想い」を、どんどん、意識化してゆこう。


できれば、小さく時間を見つけて、毎日やってみよう。

STEP 5

まずは「一日10分」から。小さな時間を生かす

「想い」を、「時間」の上に置くと、それは現実に変わります。
「時間」とは、「想い」という形のないものに、
具体的な形を与える、媒介薬です。

「好き」「合っている」と知っていて、それゆえ、
自分の人生と関係があるとわかっている、内側の「想い」。
「できる」「かなえられる」と、どこかで知っていること。

勇気を出して、その想いを、「時間」の上に置こう。
媒介薬をくぐらせて、具体的な「形」にしてみるのです。
……まずは、一日10分から。

そんなに小さな時間でも、やがて、大きな変化につながってゆく。
人生を変化させるのに必要なものは、「今ここ」のあなたの中に、
全部詰まっているのですから。

しだいに、話がつながってきましたね。


あなたが想う、「第一希望の人生」。

心の中で密かに知っていて、そうできたらと夢想していて、あなたの内側の世界の中に、自然と、ずっとあるもの。

その生きかたを、物理的な世界にアウトプット（書き出し）するために、「時間」があります。


「時間」は、媒介薬です。

心の中の「想い」が、「時間」という薬を通過することで、変容してゆきます。

そうしてある日、現実の中に、「形」としてあらわれる。

その「形」は、あなたの心の中の「想い」が、物理的な形となったものです。


それゆえ、あなたの人生の中から、あなたのために使える「時間」がなくなってしまうと、どういうことが起こるかわかりますね？

1
「今の人生」は、内側の「想い」の反映

ありていに言えば、ぜんぜん思い通りにならない人生になるということ。

試しに、こんなことを振り返ってみると、よくわかる。

重ねて、逆の考えかたもできるので、心配しないでください。

あなたは、純粋に自分の夢を応援するために、この一年、どれぐらい時間をかけただろうか。

つまり、どれぐらいの「想い」を、「時間」という媒介薬を通過させて、外側の世界に「書き出した」？

「時間」の上に、「想い」を予定として書き出して、どれぐらい実行してみた？

もっとわかりやすいのは、こんな質問。

あなたはこの一年、「誰か」のために、どれぐらい時間を使った？

自分を後回しにして、「これが終わったら」と我慢して、時間と時間のすきまもないほど、用事から用事へと、せかせかと移動するだけのような時間を過ごしただろう。

あるいは、「大好きだから」という名目で、どれぐらいの時間やエネルギーを、無償で差し出しただろう。


あなたの「振り回され度」と、あなたの人生の、「思い通りになっていない度」。

そのふたつは、つじつまが合っているかな？


誰かのために、あなたの時間を差し出す。それはいわば、あなたの「時間」を使って、誰かの「想い」をアウトプットするのを、手伝っているということ。

そうしたいと思って、そうしているのならいい。

でも、もしあなたが、自分の人生すら、不満たらたらなのに、「そうしなければいけない」ような義務感にかられて、大切な時間をじゃぶじゃぶと差し出していたら。

その人の人生は、思い通りになってゆくかもしれません。

でも、あなたの大切な資源は、一方的に盗られっぱなし。

時間は、目に見えません。

だから、よく注意しないと、盗られていることにも気づけない。

あなたが他人の面倒ごとを引き受けているうちに、その人の人生のほうが、すくすくと形をなしてきたなんて、笑えません。

時間は、お金と違って、形として目に見えません。

形として目に見えないものを「見える化」するために、スケジュール帳があります。スケジュール帳とは、あなたにとってすごく大事な、人生で必須の持ち物。

スケジュール帳はまるで、時間の通帳のようなものです。

スケジュール帳があれば、めんどくさいことをあなたに押し付けてくる人や、あなたの時間の盗られ具合が、目で見てよくわかる。

それゆえ、そのようなことをする人たちに、近づいてはいけないとわかる。あなたは、お互いに豊かにし合える人たちと、つながりを築いてゆくべきです。

たとえば、あなたの時間を「借りる」対価として、お金が払われているのなら、正当ですね。……世の中で仕事と呼ばれるものは、そういうしくみで成り立っています。

つまり、その仕事の本当の持ち主は、お金と交換に、より多くの

2
「時間」は、「想い」の媒介薬になる

時間を「集めて」、より大きな規模で、自分の「想い」を現実に「書き出して」いる。

でもこの場合は、あなたにも、対価としてお金が戻ってきますね。

そのお金で、あなたもまた、時間を集めることができます。

たとえば、料理をしないで買ったり、電車を運転してもらって移動できるのは、あなたがお金を払って、そのかわりに、自由になる時間を買っているから。

そうやって、それぞれの規模で、自由になった時間を媒介薬として、自分の「想い」をさらに、外側に「書き出して」ゆきます。

それゆえ、重ねて、その媒介薬となる時間が「ない」なんて、ぜんぜん笑えません。

時間は、とにかく、見えづらい。

だからこれを、見えやすい「お金」にたとえると、わかりやすい。

お金の管理がうまい人は、百万円は、百万円ではなく、一万円が百回分でできていることを、何となく実感として、理解しています。


その一万円はといえば、二千五百円が、四回分。

二千五百円といえば、お財布に入れておいて、あれこれふらふら使ったら、わからないうちに蒸発してしまうような、微妙な金額。

お茶を飲んで、おいしそうなパンをお持ち帰りして、「疲れているから、ご褒美だ！」と、かわいい入浴剤を買ったら消えてしまう。


時間も、同じ。

たとえば一時間は、記憶にないぐらいすぐに、過ぎてしまう時間。

ぼーっとテレビを見ていたら、いつのまにか九時の針が、十時になっている。ああ、お風呂に入らなきゃ……。

あるいはSNSの返信をしていたら、もう一時間！

3
観察すると、時間のかくれ在庫が見つかる

これが、一時間という時間の、実感レベルの動き。
ところが、たとえば本を一冊書き上げるのに必要な、五十時間とかいう時間。
それはいわば、この一時間を、地道に五十回分繰り返した時間です。

この、すぐ消えてしまいそうな一時間。
この一時間を、たとえば五十回大切にすることにより、本当に、人生が変わってゆきます。

平凡な「今日」のうちの、たった一時間。
この一時間を、「明日から」「今度今度」とスルーしてしまわない。
この「小さな」感覚が、変化の感覚です。

それゆえ、小さな変化なら、誰にでも、必ずスタートできるのです。

4
「たった10分」が、人生を変える

人生を変える、変化の感覚。
ちなみにそれは、一時間ですら、なくともオッケーです。
まずは「たった10分」の時間からだって、スタートできる。

その「10分」ですが、実は、ものすごく効きます。

大洋を航海する船は、おおむねざっくりとした方向感覚で、進んでいます。そして、定期的に座標を確認して、定期的に位置を直します。

でも、その進みかたで、ちゃんと目的地にたどりつく。
時間も、それと同じ。

人生がどん詰まっている時ほど、私たちは、自分のための時間を取っていません。
それどころか、なるべく早く、目のまえの（でも「誰かのための」）用事を済ませたり、責任を果たしたりするために、駆けずり回っています。

つまりは、あなたの内側の「想い」が、あなたの「時間」という媒介薬をくぐっていないのです。

「想い」はあるけれど、「時間」がない。それゆえ、いつまでたっても、「想い」が現実化しない……。

すごく、単純です。

それゆえ、改善方法もまた、単純。

つまり、まずは10分でもいいから、時間を取ること。

あなたのために、です。

「でも、時間がない」

「本当に、忙しい。止まれない」

これもまた、事実ですね。


古い世界を抜け出そうとしている時は、まるで四方八方から、波が押し寄せてくるような状態。

あなたが後にしようとしている世界のあれこれや、新しい世界のこと。変化の時は、しなければならないことに、山ほど囲まれているはずです。

でも、そんな中でも、時間はちゃんと見つかる。

しかも、「たった10分」なら、確実に見つかります。


手持ち無沙汰になると、すぐに、スマホでネットサーフィン。あるいは、つけっぱなしにしたテレビを、つい見たままにしている。

これら、自分の本意ではないけれど、しかも、本気で楽しいわけではなく、ただなんとなくぼんやりと費やしている時間。

5
人生を変えるための時間は、誰でも持っている

これを、「グレー時間」と名づけています。

意識的ではなく、惰性で、しかも、特に楽しくもない。

そんな、こまごまとした時間を足すと、一日いったい、どれぐらいになる？


これを、逆手に取るのです。

つまり、「たった10分」の時間なら、確実に見つかるはず！


その時間を「グレー」なままにしておかず、「想い」の媒介薬として使っていったら。

本当に、ごくごく短期間で……。たとえば、二週間や一ヶ月、三ヶ月といった時間のうちに、あなたの人生は、どれだけ劇的に変わる？

そして、たとえば三年といわずとも、たった一年ですら、人生はどれだけ変わるだろう。

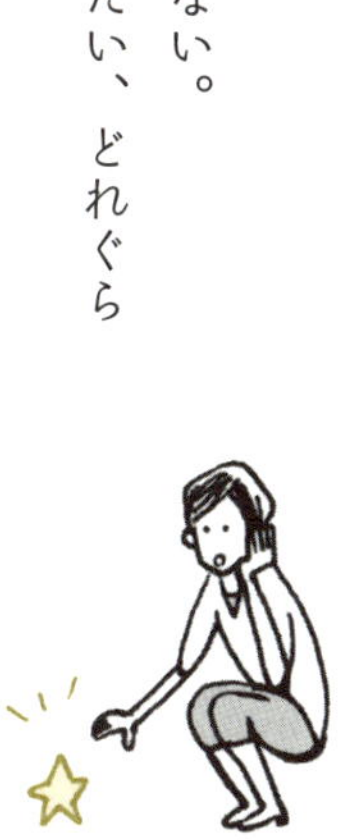

COLUMN 5

「一日10分」で人生を変えてゆく

どん詰まりの時ほど、

「誰か、私の人生を、なんとかしてくれないだろうか」

と、なかば自動的に考えてしまう。

「自分の人生は、自分でしか、なんとかできない」

そんな基本的なことが、すっかり頭から吹き飛んでしまうのです。

それゆえ、つい無意識に、こんなことがやめられなくなる。

私の人生をなんとかしてくれそうな「誰か」を探し回って、その人に期待をかけることが、やめられない。

その人のために、時間やエネルギーを、延々とつぎ込んでしまう。

そうすれば引き換えに、私の人生にも、力を貸してくれるとでもいうように……。

でも、考えてみれば、そんなことは、起こりっこないのですよね。

今なら、自分の耳をつまんで、大声で叫んでやりたいです。

「だから、あなたの人生が進まないのよ」

「あなたの人生に、あなたの時間が費やされていないから、状況が変わらない。変わらないのは、『あなたの時間』という媒介薬が、働いていないからよ！」

とはいえ、日々の時間を生きていると、気づかないうちに、つい流されてしまうこともある。

そうして、ハッと気づいたら。

古い癖……役には立たない「昔の癖」に乗っかってしまっている状態の自分が、我に返ります。

「ああ、またやってしまっている！」

古い癖は、手強い。

「いつか、誰かが」

という、まるでおとぎ話を丸写しにしたような、非現実的な考えの癖。その考えは、油断すると繰り返し、人生にやってきます。

「ハッ！」

と気づいた私は、それゆえ、いつも慌てて、自分の時間をかき集めます。

とはいえ、すでにしてしまった

約束や、混乱した状況を、一気に変えられるはずもない。

　誰かの「神の手」さえ借りたいと願うほど、混乱の極みにある時。そんな中、自分にかけられる時間といえば、たとえば、一日たった10分だけとか、そんなもの……。

　でも、その10分が、やっぱり効くのです。まるで、「百万円貯める時の、二千五百円みたい」に。

　まずは、10分から。

　次の日は、10分を、一日二回取ることが目標。

　慣れてきたら、一回三十分の時間が取れるように工夫する。

「たった10分」

「たった三十分」

「たった一時間」

を何度も繰り返して、「時間」という媒介薬に、私の「想い」を通す。

　すると必ず、「想い」は、具体的な「形」になります。

　そして、外側の「形」に変わった「想い」が、今度は、人生そのものを変えてゆくのです。

　思い返せば、ふらふらと漂流していた頃の私を、出版という仕事につないでくれたのも、「たった10分」でした。

　未来が、まったく見えない、暗闇の中。

　目のまえに、スケジュール帳と日記を広げて、

「この約束は、できるだけ波風を立てずに、断る」

「この誘いには、乗らない」

「怖いけれど、このチャレンジは、する。自分が本当に、したいことだから」

　小さく作った時間の中で、自分自身と対話を繰り返し、小さな方向転換を続けながら……。

　小さな10分を何度も繰り返すことで、気がつけば私は、以前とはまったく違う世界へと、たどり着いていました。

　それほどまでに大きい、「たった10分」の力。

　だから今でも、道に迷ったら、まずは10分から。

　あなたがこの本を読んでいる、「今この瞬間」も、私はきっと、小さな10分の習慣と向き合っています。

WORK-5

まずは「一日10分」から。小さな時間を生かす

WORK-5-1

あなたの中の、本音の恐れの声に、耳をかたむけてみよう。

「行動してみて、かなわなかったら怖い」

「拒絶されると怖いので、本当に好きなことには、チャレンジしていない」

あなたは、何を恐れて、「第一希望の人生」に踏み出せない？

直感で大丈夫。
パッと浮かんできたことを書き留めながら、
あなたの中の恐れを、意識化してゆこう。

WORK-5-2

あなたの「第一希望の人生」。そのことに向けて、本当に本気で、
行動を起こしたことがある？
もしそうなら、その結果は、どうだった？

WORK-5-3

今だったら、その行動のうちの、何を改善したい？
- 引っ込み思案にならないこと？
- もっと、準備をすること？
- もっと、自分を敬うこと？

自分の想いに応えるために、できることは、あるだろうか。

WORK-5-4

あなたの「グレー時間」は、どこに集中している？

「グレー時間」を探すためには、目をつけるべきポイントがあります。

① リラックスのための、楽しい時間。それは、ぜんぜん「グレー」ではないから、「グレー時間」ではない。人生を楽しむこともまた、大事です。

② いっぽうで、つい「ダラダラ」「投げやり」になってしまっている、そんな時間。この時間を、あなたの人生にもっと楽しいことを増やす時間に、変えることができる。これが、いわゆる「グレー時間」の在庫。

あなたの一日や、一週間のうちに、
「グレー時間」が発生しやすいタイミングや、時間帯があるだろうか。
もしあったら、書き出してみよう。
また、「グレー時間」の在庫は、一日や一週間のうちに、
どれぐらいありそう？　時間数も、ついでに書き出してみよう。

WORK-5-5

「第一希望の人生」を、本気でかなえるために。
まずは10分、時間を取るなら。それは、明日の、どこに取れるだろう。
また、どの場所で取れるだろう。家だろうか。カフェだろうか。
スケジュール帳に、幅を取って、線を引こう。

できれば、小さく時間を見つけて、毎日やってみよう。

STEP 6

「ネガティブ」にも、意味がある

「ネガティブな考え ＝ 悪いこと」というのは、本当？
「ポジティブ」に考えないと、よい人生を「引き寄せられない」
というのは、本当？

すべての出来事は、なんらかの理由で、私たちの元にやってきます。
甘い経験も、苦い経験も。

そして、不思議に思いませんか？
なぜか形を変えて、似たような出来事が、何度もやってくること。
甘い経験のほうは、似たようなことが何度やってきても、
多分気にしない。でも、苦い経験ほど、よく覚えています。

今、落ち込んでいる？
大丈夫。

「ネガティブ」に「見える」出来事から学んだ教訓ほど、
「第一希望の人生」をかなえてゆくプロセスで、強力な土台になる。

「ネガティブ」にきちんと向き合った時、
その経験は、不思議な変容の力で、大きなパワーに変わるからです。

1
「ネガティブ」＝「悪いこと」ではない

過去の失敗。ほろ苦い思い出。

うまくゆかなかったことや、傷ついたこと、傷つけてしまったこと。

まさに「逃げる」ように、後にした縁や、つながり。チャレンジしなかったことで、無駄にしてしまったチャンス。

こんなことなら、あのチャンスを受け止めて、チャレンジしておくんだった……。

誰でも、うまくゆかなかった過去を、ぐるぐると考えてしまうことがあります。時間を取って、自分と向き合えば向き合うほど、押し込めていた想いが、浮き上がってくるかのように。

「ネガティブなことを、いつまでも考えていると、人生がうまくゆかない」

こんなことを言う人も、いますね。

でも、いっけん前向きに見える感情でも、あるいは、憎しみや恨み、嫉妬、悲しみ、怒りや当惑といった感情でも……。

　全部、等しく「感情」。


感情は、私たちに、たくさんのことを教えてくれます。

そこには、善し悪しや上下もない。

感じていいものや、感じてはいけないものの別は、ありません。

そもそも「感じてはいけない」感情なら、最初から、私たちの中に組み込まれてはいないでしょうから。


　もっといえば、世間で「ネガティブ」と言われる感情ほど、実は、重要なサインであることがあります。

　一般的に「ネガティブ」と分類されがちな感情……憎しみや恨み、嫉妬、怒りや悲しみ。それらを封印して、感じなかったことにして、無理やり「ポジティブ」で蓋をすると、何が起こると思います？


　鬱になります。

　人が、信じられなくなります。

誰もが嘘をついているように、感じるようになります。実際は、自分が自分に、嘘をついているだけなのですが。

「いいの、気にしてないから」

「感じなかったことにすれば、それは、『ない』ことになるかもしれない」

でも実際は、それは「ある」し、封印した感情は、「ポジティブ」の蓋の下で、ぐらぐらと煮えたぎっています。押し込めば押し込むほど、勢いを増してくる。すきあらば、飛び出そうとします。

そうして、ある瞬間に、一気に爆発します！

「『ポジティブ』な人間でいたかった。汚い感情を出してしまうなんて、どんな人だと思われているだろう……」

爆発した自分を責め、ますますぎゅうぎゅうと、感情の蓋をしめつけざるを得ない状況。

この繰り返しに、心当たりがあるでしょうか。

怒りや悲しみ、嫉妬や恨み。憎しみ。

自分の「想い」と向き合うプロセスで出てくる、悪い感情（といわれる感情）にも、きちんと意味があります。


憎しみや恨み、怒りは、あなたが傷つけられたことを示している。

それならば、その人たちに、ふたたび近づいてはいけない。勇気を出して、静かにその関係から撤退しなければならないサイン。


悲しみは、失ったものを、嘆くための感情。

悲しみが続くあいだは、いわば、失ったものを悼む時間。それはおそらく、もう二度と戻ってこない。

でも、あなたが人の心を持っているがゆえに、失ったら悲しくなる。

だからこそ、心が癒されて、涙が自然と乾いたら、また笑顔になれる。


どんな「ネガティブな」感情にも、学ぶべき内容がくっついてい

2
レッスンを学び終えれば、その出来事は完了

る。それを放置したまま、さっさと次のレッスンに取りかかっても、そのレッスンはクリアできない。

それゆえ、そのレッスンは、クリアできるまで形を変えて、やってくる。

なぜなら、次のステージでは、そのレッスン内容を「取り扱える」という強さが必要とされているから。ダンスで言えば、そのステップは「踊れる」という前提で、次のステージがスタートするようなもの。

だから、目のまえのレッスンが完了しないと、次のステージにはゆけない。

あなたが、幸福な世界に「見えない『お引越し』」をして、幸せに暮らしてゆくために。

そのレッスンが教えることと、直面することから逃げないで、きちんと向き合う。そうして、そのレッスンの意味することを、受け止めた時……。

「ああ、そういうことか」

レッスンの内容が、自分の人生に与える意味を、きちんと理解した時、不安はなくなり、つじつまが合い、筋が通る。するとその先に、すーっと道が、見えてくる。

　新しい世界につながる道が、不思議と、あらわれてくるのです。今まで確かに、何もなかったように見えた場所に、何かが見えてくる。


　そう考えれば、「ネガティブ」に見える経験は、実は、ネガティブではないことになります。

「ネガティブ」な経験は、そのステージの終わりでもあるし、次のステージのはじまりの合図でもあるのです。

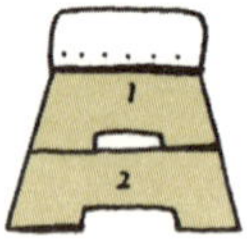

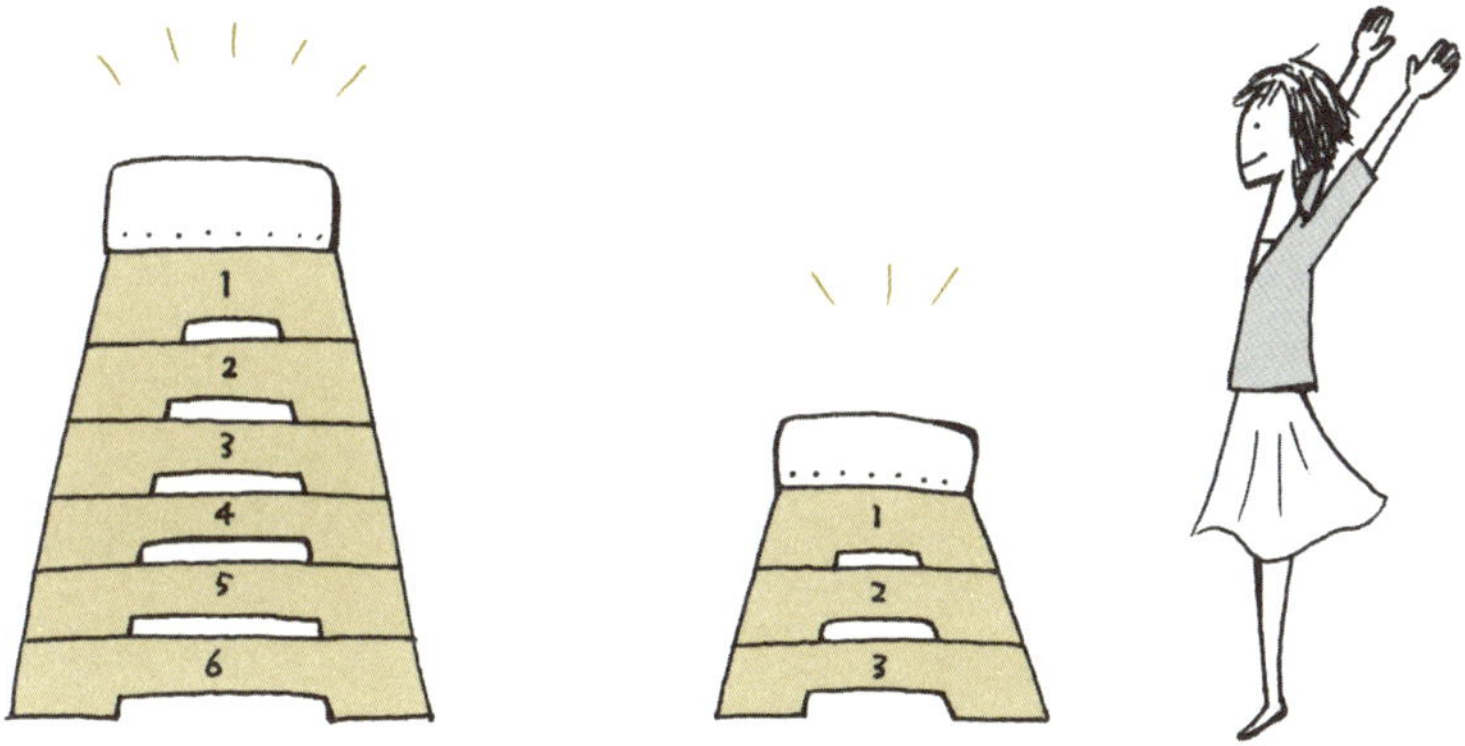
1
2
3
4
5
6
1
2
3

いっけん「ネガティブ」に見える状況や経験の中にも、こんなふうに、贈り物があったりする。

でもこれは、

「だから、ネガティブな出来事にも、感謝しよう！」

みたいな、うそっこポジティブ的な考えかたではない。


「本当は、悪い人じゃなかったの」

「これも、レッスンなのよ。カルマが消えたの」

なんてふわふわしたことを言っても、現実には、役に立たないでしょう。


ネガティブに見える出来事は、できれば避けたい。これが、本音。

でも、こちらの好き嫌いに関わらず、それは、やってくる。

これも、変えられない事実。


それならば、せいいっぱい学んで、受け止めて、力にする。

そのほうが、「ポジティブ」。

3
現実の上で解決できたら、オッケー

なぜなら、学んで賢くなったぶん、あなたの現実が、安全になりますものね。

たとえば、こっぴどく騙された。

そんな時は、失敗体験から、法律がどうあなたを守っているのかを、学ぶことができる。二度と同じことが起こらないよう、どんな点に気をつけるべきか、必要なら実力行使も辞さないことも、学べます。

すると、不思議……。そのようなことは、起こらなくなります。

なぜなら、しっかりと学び、対策を打ったから。あるいは、仮に起こっても、すぐに見破って、対処できるようになったから。

こうして、あなたの時間がどんどん、安全になってゆきます。

あなたが打ち立ててゆく「第一希望の人生」を、しっかり守ってゆけるような実力が、あなた自身に装備されてゆくのです。

いっけんポジティブに見える経験のほうが、確かに、受け止めやすい。

でも、いっけんネガティブに見える経験は、人生の根幹に関わる重要なテーマの存在を、はっきりと教えてくれます。

ネガティブに見える経験を、消化する時。人は、自分の人生コースについて、かつてないほど真剣に考えます。そうせざるを得ない真剣さを、状況や経験のほうが、強制的に要求するからです。

言いましたよね。

この世界には、ふたつの異なる世界が、同時存在していると。

それは、

——お互いに、豊かになり合う世界。WIN―WINの世界

——お互いに、盗み合う世界。食うか食われるかの世界

このふたつの世界の潮目は、日々、私たちの目のまえで混じり合ったり、押したり引いたりしています。

4
経験値が上がるごとに、あなたの世界が安全になる

目には見えないけれど、本当にあります。

いくら念じたり、「オーラを清めたり」しても、この潮目にぶつからないことは、ありえません。

容赦なく「食いものにしようとする」人たちもまた、同じ世界に住んでいるのですから。

どんなに気をつけたところで、けっきょく、迷惑メールがくるのと同じ。念で、迷惑メールをこないようにすることは、できません。

それゆえ、念じるのではなく、現実対処をするのです。

メールでいえば、フィルターをかけるか、開封せずに、ゴミ箱に入れてしまう。

こうやって、ネットに対する知識が増えるごとに、あなたのネット環境は安全になる。

あなたの時間も、それと同じ。

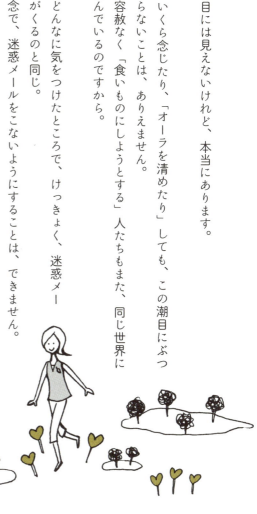

ネガティブな経験から学ぶ。すると、経験値が上がるごとに、あなたの時間が、安全になる。

レッスンから、その意味するところを学ぶことで、自分を、同じ危険に近づけない知恵がつく。

あなたの世界は、もっと幸福で、もっと安定した方向に進み出します。


こうやって、「順風の世界」への、見えない「お引越し」が、進んでゆきます。

同時に、もうある幸せを守る力も、ついてゆくのです。

COLUMN 6

勇気を出して、「自分を大切にする」

思い出すと、顔を覆ってしまいたくなるような経験は、誰の胸の中にも、きっとあります。

その時は、すべてはわからなかったけれど、とんだ迷惑をかけてしまった。未熟だった。今なら、あんなことはしなかった……。

そのような経験は、実は、誰もが通過すること……と、頭ではわかっているけれど。ネガティブな経験ほど、なるべく見ないようにしたいのが、人の心というもの。

ですが、不思議なことがあります。

それは、心理学の勉強を続けてゆくうちに、学んだ経験則。

「ネガティブな経験『こそ』、しっかり向き合うべき」

「特に、それを二度と経験したくないなら」

経験則から学ぶことで、私はとりわけ、「ネガティブ」と言われる経験ほど、しっかり向き合うようになりました。そして、その習慣が今、生きる上で、とても貴重な財産になっています。

具体的に、どういうふうに向き合うかというと、こんな感じ。

まずは、時間をたっぷり取ります。そのまま、どこにも出かけなくともよいタイミングを選んで、日記（私の場合は『未来日記』）をひらきます。

そしてそこに、想いを書きなぐります。

「悔しい」

「おかしいじゃない、こんなこと」

「納得がゆかない」

「いつもいつも、同じことの繰り返し、もう、うんざり!!」

罫線の上は、書きなぐられた文字たちでいっぱい。ページもどんどん、埋められてゆく。

そうして、気が済むまで、自分の本音を書きなぐって、疲れたら休む。それでもまだ、想いが出てくるようだったら、さらに書きなぐる……。

これを何度か繰り返すと、ことの全容が見えてきます。

そして、ここがかんじんなところなのですが……。

不思議と、私自身もまた、その「ネガティブ」の引き金を、手助けしていることが見えてくるのです。


私自身が毅然として「ノー」と言えば、そのことは多分、私の人生には起こらなかった。でも、私が相手に遠慮して自分を曲げたり、あるいは、

「よく見られたい」

「いい人と思われたい」

という想いで、違和感を無視したおかげで、ネガティブな状況が勃発してしまった。

つまり、私も確実に、状況に一枚かんでいた。


私が一方的に被害者なのではなく、私もまた、自分の自由意志を行使できたはずだったこと。それなのに、そうしなかったこと。

そのからくりの全容が、きちんとわかれば、このレッスンは完了。

しかも、勇気を出して向き合うことが、早ければ早いほど、引きずる時間も少なくなる。

それゆえ、勇気を出す価値がある。


「ネガティブ」に見える経験と向き合うのは、しんどい。

でも、避けないほうがいい。


いわゆる「ネガティブ」な経験をするごとに、「自分を大切にすること」の境界線を、学び直すことができます。

許容できることと、許容できないことの境界線。

自分を粗末にすると、具体的にどんな結果になってしまうのかという、経験からくる学び……。

それゆえ、「ネガティブ」に見える経験と、しっかり向き合うといつも、まるでご褒美みたいに、次のステージへの扉があく。


新しい扉が開くのは、そのステージの、レッスンが完了したサイン。

すると、さらに不思議なことが起こります。

「次のステージへと進む、準備ができたね」というばかりに、時間の中に、いいことが起こりはじめるのです。

まるで、次の時間へと進むことが、後押しされているかのようです。

WORK-6

「ネガティブ」にも、意味がある

WORK-6-1

あなたにとって今、「ネガティブ」な経験や出来事は、どんなことだろう。
何が、気が重い？ 何が、納得できない？
ここに書いて、意識化してゆこう。

WORK-6-2

もしかして、それらの経験は、形を変えて、繰り返しやってきていないだろうか。
以前の心当たりは、いつ、どんなことだっただろう。
似た経験を、できるかぎりさかのぼって、思い出してゆこう。

WORK-6-3

それらの経験は、どんなレッスンや教訓を、あなたに伝えていると思う？
あなたの解釈で、大丈夫。
その経験はあなたに、何を乗り越えるようにと、伝えているだろう。

WORK-6-4

そのレッスンをクリアするために、あなたにできることは、どんなことだろう。
話し合う？ 専門家に学ぶ？
思い切って「関わらないこと」を選択するのが、実は最善？
前々から、実は必要だと感じていて、でも、たびたび目をそらしていた
テーマ。そんなテーマをクリアするために、何をしたらいいと思う？
書いて、意識化してゆこう。

WORK-6-5

レッスンをみごとクリアして、胸がすっきりして、
幸せに笑っている自分を、イメージしてみよう。
その姿を感じると、どんな気持ちになるだろう。
クリアするためにできる、具体的なことが、
アイディアとして浮かんできたら、書き留めておこう。
心の中にうずまいているものを、どんどん、意識化してゆきます。

できれば、小さく時間を見つけて、毎日やってみよう。

STEP 7

小さな力を、味方につける

大きなことは、変えにくい。
でも、小さなことは、抵抗が少ないゆえ、変えやすい。
それなら、小さくて、抵抗少なくできる習慣を、
ひとつずつ変えていったら、人生どうなる……？

こここそが、実は、変化のポイント。

たとえばスケジュール帳に、時間軸を取って書き出す習慣。
必ず、スケジュール帳にメモをする習慣。
こんなふうに、小さくて無理がない習慣を、
日々の時間の中にひとつずつ、定着させていったら。

その小さな習慣は、いつしか、まとまりはじめる。
そして、大きな習慣となって、「自動的に」人生をよくしてくれる。

「人生を大きく変えるには、ものすごい努力が必要」
そんな世界観は、本当？
無理がなくて、日々の時間が気持ちよくなってゆくからこそ。
生きかたを変えることは、長続きするし、
楽しくなってくるのではないでしょうか。

少し前に、

「百万円、貯めてください」

という例がありました。実際に、百万円貯めてと言われたら、どうします？


「よし、楽勝！」

という人は、そんなに多くないのでは？

「五百円玉貯金をして、何年かかるかな」

「毎月一万円ずつ貯めていったとしても、九年ぐらいかかる」

という意見もあるかも。


でも、私たちの多くは、すでに百万円を貯めたことがあります。

……えっ⁉

たとえば、強制的に支払うことにされている、年金。あるいは、無意識のうちに強制天引きされている、健康保険料。まとまった額を計算してみると、事実として、すでに百万円以上を「貯めた」経験になるのでは……。

1
「小さくて」「繰り返し」のパワーは、すごい

「毎日、毎月少しずつ、無意識に」

この力ほど、強いものはない。

人生を大きく変えるのは、大きな力ではなく、小さな力の連続。

だから、逆にいえば、ちょっとの工夫で人生を変えてゆくことなら、誰にでもできる。

スケジュール帳と友達になって、時間管理をすること。それが、想像より短期間で人生を大きく変えるのも、このためです。

「たった一回きり」って、弱いです。

なぜなら、忙しい日々の中では、すぐに情熱切れになってしまって、続かないから。

でも、小さな習慣というものは、小さいだけに、邪魔にならない。

そんな小さな力が、小さく続くと。さほど経たないうちに、大きな力にまとまってゆきます。

習慣を変えること。それは、ただ「想っている」だけではダメで、書き出して、「形」にすることがポイント。

大それたことでは、ありません。

大きなことから小さなことまで、スケジュール帳に、全部書き出すのです。

片っ端から、書き出すだけ。シンプルでしょ?

こんなことを言うと、よく、こんな意見が。

「書き出して、できなかったら嫌」

「できない自分を、目の当たりにするのが、嫌」

でも、それよりももっと酷なのは、書き出さないまま、自分と無理な約束を山ほどして、潰れてしまうこと。

たとえば、見えないゆえ、わからない、こういうやつのことです。

「今度飲みに行こうよ」

「いいよ、いつでも誘って」

2
スケジュール帳に書き出してみる。全部!

「やります」

「いいよ」

その場を収めるために口にする、安易な「イエス」。

これが後々、やっかいを起こします。


言ったことを守れなかったり、約束が矛盾したり、かぶってしまったり。そんな時間は、イライラハラハラするし、自分が自分で嫌になってしまいます。


それゆえ、こんな「自分ルール」があると、役に立ちます。

「すべてはまず、スケジュール帳と相談してから」


スケジュール帳の上に書き出せないものには、イエスと言わない。

安請け合いしない。

小さなことですが、習慣になると、安心して時間が送れます。

小さな習慣が、自動操縦になるなら、いいことが山ほど起こりはじめます。

それはまるで、よい石をひとつずつ積み重ねて、「第一希望の人生」の土台を堅固にしてゆくようなもの。


何より嬉しいのは、自信や、自分への信頼感がつくこと。

そして、そういうムードは、伝染しますよね?


周りもじき、あなたのことを、自分に自信があって、整理整頓ができていて、責任感のある人と見るようになります。

自分に責任が持てると、同じような人たちと、安心して縁が広がってゆく。

そして、気づけば好循環の波に乗って、「順風の世界」に……。


そうやって人生が進んでゆくのは、楽しい。

そのためにこれから、本当に基礎の小さな習慣を、十個シェア。

3

「自動的に」人生をよくする習慣を、増やしてゆく

どれも、当たりまえなほどに正論で、本当に小さな時間習慣。実際あなたも、これから話すことは、どこかで必ず、聞いたことがあるでしょう。

ですが、基本は強い。
小さくとも、基礎ゆえに、とても効きます。

この十個が、きちんと定着するだけで、不思議で嬉しい変化が、たくさん起こってきます。つまり、時間が整い、人生の視界がひらけて、自分に自信が出てくるのです。

ひとつずつ、ぜひ、試してみてください。
土台の整った時間習慣の上には、豊かな実りが、たくさん生《な》りますから。

小さな習慣 1

まずは三日。そして、あきらめもかんじん

新しい習慣を、日常レベルの中に、登場させるということ。それは、いくら小さくとも、日常のリズムを微妙に変化させます。

ですので、最初の一週間は、変化との闘い。
逆に言えば、元に戻ろうとする習慣との、闘いでもあります。
ついでに、怠け心との闘いにもなりますね。

乗り越えるコツは、まずは、最初の三日だけ、がんばること。
たった三日でオッケー。
三日できたら、もう三日がんばる。

そして、最初の一日ができたら、思いきり褒める。
三日できたら、もっと褒める！

でも……。続かなかったら、どうする？
そんな時は、無理しないで、やめてしまいます。

意外ですか？

でもそれは、「第一希望の人生」に向けて、前進するのをやめてしまうわけではない。そうではなく、「第一希望の人生」にたどりつくために、その方法に頼るのをやめる。

つまり、別の方法を探すのです。


続かないのは、あなたが、ダメなわけではないかもしれない。

そうではなく、その方法が、合わなかったのかもしれない。


ですから、まずは一週間。

そして、続けてみて、気持ちよさが感じられなく、逆に、ものすごく嫌になったら。同じ効果が得られるような、別の方法を探します。

手元に、千円をにぎりしめて、薔薇の花を買いに行くと、想像してください。

ですが、商店街の道なりには、魅惑的なお店がたくさん。

花屋に向かって歩いていると、揚げたてコロッケのおいしそうなにおいが、鼻の前を通過します。

いやいや、薔薇を買いにきたし……と頭を切り替え直すと、今度は焼きたてバターの香りが。

ショーケースには、焼き上がりのマドレーヌや、シフォンケーキが並んでいます。店頭のサイフォンからは、コーヒーの香り。

「薔薇は今度にして、今日はお茶にしようかな」

「そういえば、最近ゆっくり休んでいなかったし」

あなたは、カフェの中へ……。


現実の時間の中には、こんなふうに、寄り道が山ほどありますね。

魅惑的な、かわいい服。おしゃれなレストランで、食事すること。

誰かのSNSで見たような、素敵な暮らし……。

小さな習慣 2

「第一希望の人生」を、スケジュール帳に書いておく

そんな情報が、文字通り、毎分ごとに心に飛び込んでくるのが、私たちの日常。

その寄り道に、いちいちつきあっていたら、永遠に薔薇……「第一希望の人生」は手に入らない。

薔薇を買いたかったら、

「自分は、薔薇を買うのだ」

という目的を、何度も確認しなければなりません。


そのために、スケジュール帳は、とても役立ちます。

あなたの「第一希望の人生」が何だったのか、わからなくならないように。「第一希望の人生」をスケジュール帳に書いて、たびたび見よう。イメージしよう。


必要なら、特別にそのページを飾って、美しくしておこう。

「私は、ここに向かっているのよ」ということを、意識的に、忘れないでおこう。

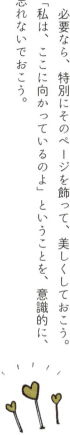

日常の中で、しばしば発生する寄り道や、脇道。

それに影響されて、大きく時間を流されてしまわないことも、ポイントになります。

寄り道が、楽しみレベルで終わっているうちに、軌道修正。惰性の悪習慣に格上げにならないうちに、時間のコースを戻すのです。

大洋を航行する船にたとえれば、船の舵の角度を調整するようなもの。私たちも、時間の方向を確認するのです。


まずは、一日三回。

たった10分休憩を取って、スケジュール帳をひらきます。

そうして、自分に確認するのです。


「私が今おこなっている選択は、『第一希望の人生』に、かなっている？」

「『第一希望の人生』から逆算して、この決断は、合っている？」

「この決断は、『第一希望の人生』に、たどりつくための決断？」

小さな習慣 3

一日三回、10分の「灯台の時間」を取る

これが、「灯台の時間」。

深呼吸して、冷静になる時間を取って。

ひとつずつの選択や決断が、「第一希望の人生」に近づいているのか、ふさわしいものなのかを、心で確認します。

違和感を覚えるものなら、約束しないか、考える時間をもらうか、やんわりと距離を置きます。

こまめに時間を取って、選択をチェックすることで、時間の方向が大きく違ってしまうことが、避けられます。

ちょっとややこしいようですが、でも、とても重要なこと。

食事のオーダーを決めるのが、私はすごく速いです。あまり迷わずに、さっと決めてしまう。

それは、食事のオーダーは、やり直しのききやすいものだから。食べてみて「やっぱり、あっちのほうがよかったな」と思ったら、次にまた来ればいい。失敗した選択に影響されるのも、せいぜい長く見積もって、二時間です。

ですが、たとえば誰かと新しい縁をつくるとか、新しいことをはじめるとか、誘いを受けて出かけるといった時の決断。

たとえば、誘いを受けて出かけた時なら、半日とか一日とかいう時間が、かかりますよね。

準備の時間もかかるし、お礼をしたり、出かけた後のフォローも必要。

あるいは、その縁はその後も、何らかの形で、ずっと続くかもしれません。

小さな習慣 4

かかる時間から逆算した割合で、決断までの時間をかける

一回きりの食事、習いごと、旅行、誰かとの縁、転職……。
ものごとの規模が大きくなればなるほど、当然、影響を受ける時間も長くなる。

それゆえ、後々、影響を受ける時間が長くなると予想されるほど、決断をするまでの時間も、長く取ったほうがいい。

決断にかける時間は、それが後々影響を受ける時間に、比例するイメージで。
そう覚えておくと、ちょうどいいバランスになることが、多くなります。

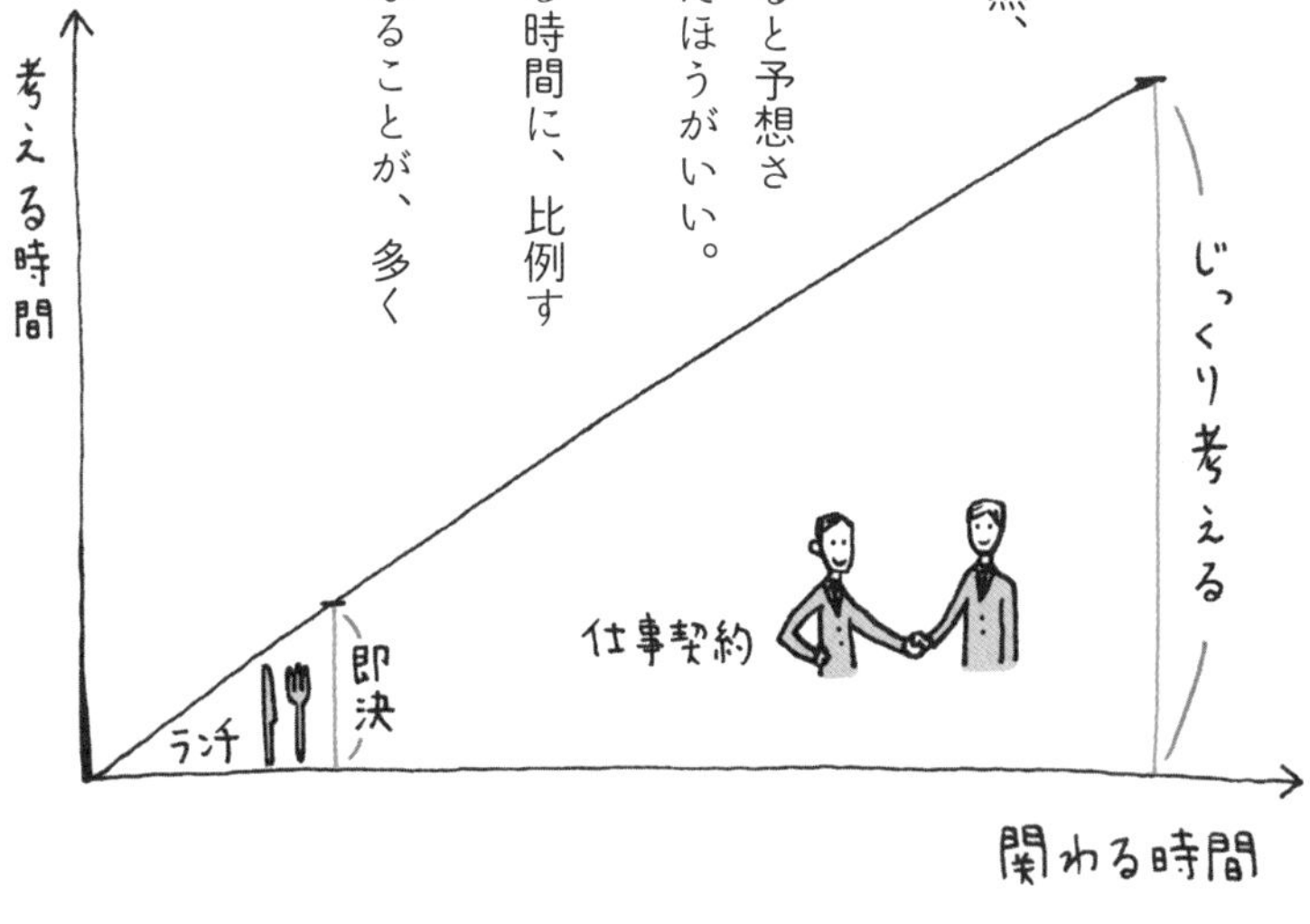

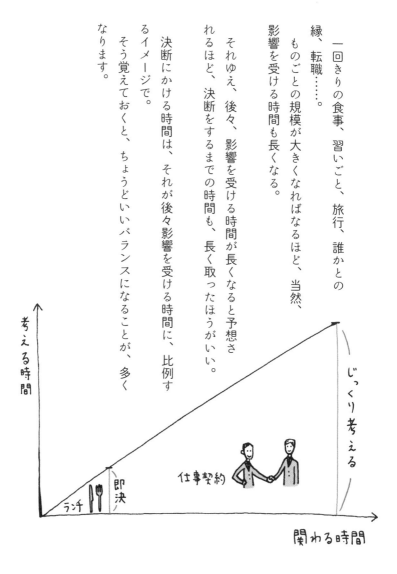

どこに時間があるのか、あるいは、ないのか。

それを判断するためには、あらかじめスケジュール帳に、幅を取って、もうある予定が書かれていないとわからない。

もうある予定が、幅を取った線で埋まっていないと、そこから逆算する形で、どれほどの時間の余裕が手元にあるのか、パッと見てわからない。

それゆえ、時間の幅を取って、あらかじめスケジュール帳に、予定を書き込んでおく習慣のない場合。予定と予定のつじつまが合わずに、いつも日常がパンパンという症状が、出るかもしれない。

頭の中で覚えておくというのは、とても危ういです。

「あの予定に間に合うかな？」

「ああ、これも今日中だった！」

こんなふうに、いつもイライラ、ハラハラしていなければならないかも。

小さな習慣 5

時間の幅を取って、スケジュール帳に書く

必死で駆けずり回って、あっちでもこっちでも「ごめんなさい」と謝り、次々と、うまい言い訳を考え続けている自分が、嫌になってきたら……。

自分との信頼関係を失ってしまわないために、予定は幅を取って、スケジュール帳に必ず書く。

こんなふうに書くためには、バーチカルタイプと言われる、縦に時間軸が入ったスケジュール帳がおすすめです。

時間管理が苦手な人は、スマホ管理はNG。

王道の紙管理が、やっぱり便利です。

スケジュール管理は、重要です。

なぜなら、スケジュール管理は、時間管理であるのみならず、幸せ管理でもありますから。

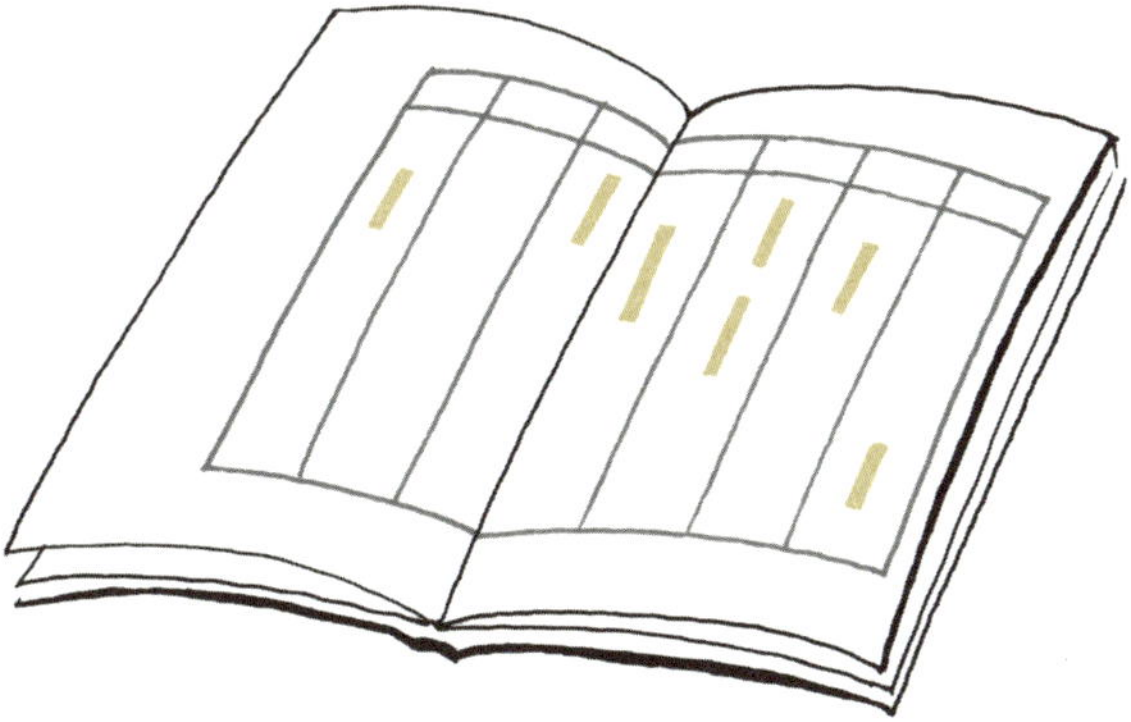

小さな習慣 6

「準備の時間」も、必ず入れ込む

準備の時間を、予定として、想定していますか？

安心してください。

準備時間の無視は、多くの人がつい、やってしまいがちなことです。

たとえば、食事に出かけるのだとすれば、当然「食事に出かける」という予定以外に、こんなことが発生します。

どこに行くかを検索したり、連絡を取り合ったり、予約をしたりする時間。

おしゃれをしたり、移動したりする時間も、必要ですね？

あるいは、旅行に出かける場合であれば、旅の準備をしたり、必要なものを手配したり、場合によっては、逆算して荷物を送ったりする時間が必要。

これらの時間を、あらかじめスケジュール帳に書いて、予定しておかないと……。

もう、わかりますね？


「あれがない！」

「これも、やっていない！」

「ああ、こんなことを忘れていた」

「間に合わないじゃない！」


直前になって、予定外の奔走。

揉め事も多くなるかもしれないし、カリカリして、ムードも悪くなるかもしれない……。


だからこそ、準備の時間を、あらかじめ見越して予定しておくことは、とても大事。

準備の時間にも、きちんと線を引こう。

なぜなら、かんじんな時に、透明な時間が湧いてくるわけでは、ありませんものね。

意識しないと、私たちは、褒める習慣を持ち合わせていません。

逆に、自分を責めたり、山ほどダメ出しすることに慣れています。


これは、ヒトの脳のつくりによるところが大きいかも。

私たち人間の脳は、過去の失敗の記憶を蓄積することによって、同じ間違いを起こして、同じ不快感を二度三度と味わわなくともよいように、進化しています。


ですが、その結果といえば……。

嫌になるほどの、批判脳・あら探し脳状態！


ですから、そのぶん、意識して褒めることが大事。

意識して、できたことを認め、肯定してゆくことが大切です。それぐらいで、ちょうどバランスがいい。

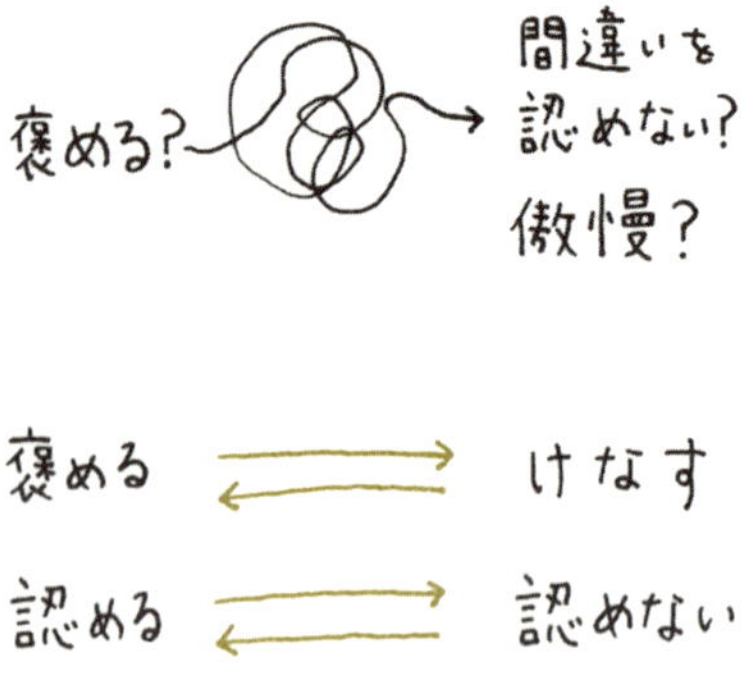

小さな習慣 7

ひとつ完了したら、ひとつ褒める

こんなことを言うと、
「褒めるなんて、なんだか傲慢な感じ」
「人は、厳しくされてこそ、真っ当でいられる」
と考えるかもしれません。でも、間違いをス
ルーしたり、向き合わなかったりすること
と、「褒めること」は、まったく別次
元の問題。

自分を褒めて、認めて。その上で、うまくゆか
なかったことと、真摯に向き合うこともできる。
そのほうがずっと、前に進む気になる
し、うまくゆく。

けなされて、嬉しい人はいません。
それは、あなた自身も同じです。

小さな習慣 8

本当にやりたいことをする！

時間がぽかんとあいてしまって、思わず意味のないSNSの海の中に、ジャンプして、どっぷり浸かってしまいそうな時。

そんな時は、意識してスケジュール帳をひらきます。

すると、ほぼ間違いなく、こんなことに気づけます。

「ああ、そうだった！　こんな『やりたいこと』が、未完了だった！」

あなたの手帳の中に、残っているスケジュール。意外なことに、残り物のスケジュールはけっこう、「嫌なことではないこと」が多い。

なぜだろう。

私たちは時に、楽しくて、本当はしたかったことを、いちばん後に回してしまいがちになります。まるで「人生の宿題が全部終わったら、はじめて、楽しんでもいいわよ」とでもいうように。

たとえば、部屋をきれいに、心地よく整えること。

滋養味ある夕食を、楽しくつくること。
気になっていた本を、読むための時間。
注文したいクッキー型を、調べて決めること。
週末の外出の計画を、立てること。

いったん手をつければ、実はとても楽しくて、おまけに、本当はやってみたかったこと。それは実は、日々の時間の中に、けっこう存在している。

それなのに、つい、自分にとって大して意味のないことに、ジャンプして飛び込んでしまう……。

そうなりそうになったら、スケジュール帳をひらこう。

そして、「あなたにとって意味のある」楽しいことに、時間を費やそう。

小さな習慣 9

睡眠時間は削らない

食事と睡眠は、とても大事。それゆえ、寝ないで、時間を捻出するというのは、おすすめしない方法です。

なぜなら、たいていの人にとっては、長続きしないから。


その上、おそらく時間をきちんと整理してみれば、「グレー」な無駄時間がたくさん見つかる。それなら、睡眠を削らなくとも、時間を整えれば、日常が回るようにできることが多い。


しかも、こんな悪影響もあります。

睡眠不足が続くということは、判断力が落ちるということ。間違いも多くなるし、その間違いをリカバーするために使う時間も、当然必要になる。

もしあなたが「睡眠を削るのは、続かないよ」と感じていたら、その気持ちを大事にして。


食事も、同じ。

衣食住が快適に整うことで、私たちは、日々過ごしている時間を、

「幸せ」と感じたりしますよね。でも、日々の基本的な衣食住が荒れていると、このような本をめくって、うまいやりかたを模索したりします。


それならば、直接、そうしたらどうでしょうか。

つまり、あなたが好きなものを、その時できるかぎりの工夫で、おいしく楽しむのです。

「お茶だけは、いいものを選ぶ」

「コーヒーだけは、必ず自分で淹れる」

という人を、私は、何人も知っています。


日々の時間の、幸福と安定の基礎を、削らない。心地よいことを削るのではなく、たとえば「グレー時間」を減らすことで、無駄を減らす。

こちらのほうが、幸福感が強くなるやりかたですね。

朝、ベッドの中で十五分、時間を取るようにしています。

とはいえ、たいして難しいことではない。

音の弱い目覚ましのアラームを、繰り返しに鳴らして、約十五分。起きた時は、ちょっとぼーっとしていて、ぐっすり眠った幸福感が残っている。

じき、少しずつ意識がはっきりしてきます。この時が、実は勝負です。


「あーあ、今日一日が、またはじまる」

という流れに、意識が向かう前に。今日一日、どんないいことがあるだろうと、ぼんやりイメージしてみるのです。

第一、「また同じ一日」と、決まったわけでもありませんものね。


もしかしたら、人生を変えるような、素敵な一日になるかもしれない。

それゆえ、まだ意識が起ききらないうちに、「第一希望の人生」のこと……それが実現したら、どんなに楽しいだろうかということ

小さな習慣10

朝と夜、イメージのための時間を持つ

を、ぼんやりとイメージするのです。

そして、この状態を上手につくり出すために、夜眠る時にもポイントがあります。

疲れ切ったまま、スマホを抱いたままで、おどろおどろしい記事を見ながら、即落ちで寝ないこと。

そうではなく、眠る前にも必ず、「第一希望の人生」のことを、ぼんやりと考えます。

「明日もきっと、『第一希望の人生』に、もう一歩近づいた時間になっているぞ」

「いい一日にするぞ」

「嫌なことよりも、よいことを見つける、一日にするぞ」

温かな人間関係、親切、譲り合い……。そういったものに囲まれて、時間を送っている場面を想像して、眠りに落ちます。

すると、不思議です。

次の日の朝は、穏やかな気分で目覚める。こうして、よいサイクルができはじめたら、こっちのものです。

――

どれも、小さな習慣。

取り入れるのに、巨大な努力も、巨大な変化も、莫大なお金もかかりません。

すべて、「今ここ」の手持ちの資源でまかなえますし、ことによったら、手段は全部持っています。

そうです。

穏やかで幸福な時間の土台とは、こんなふうに、小さくて平凡で、ありきたりのことでつくられている。

試しに、一週間トライしてみてください。

きっと、時間のムードが変わりますよ。

そして成功したら、一ヶ月、試してみてください。
きっと、人生の時間の舵が、あなた好みの幸せなほうへと切られてゆくのが、ありありと実感できるはずです。

COLUMN

7 小さな習慣が大きな力に変わってゆく

たとえば、今ある現状を、いきなり全部を投げ捨てて、夢に挑戦なんてできない。

何より、生きてゆくことも必要だし、その時々の事情もある。

人生は常に進行中で、まっしろにリセットする、非常ボタンはない。

私の場合はといえば、ある時は、「学生でお金がなかった」という事情があったこともある。別の時は、心が死んでいて、力が出なかったこともある。

でも、そんな時でも私は、あきらめたくなかった。

心が、何となくぼやんと知っている、人生の輪郭。そこに、たどりつきたかった。

となれば、小さな習慣です。

小さな習慣を、ひとつずつ動かして、大きな力にしてゆくのです。

「小さなことこそ、大事なこと」

これは、今でも変わらず、信条にしていること。

というか、もっといえば、小さな習慣の威力のほうが、すさまじい。大きな「一発屋」の習慣よりも、小さなことがまとまるほうが、大きな力になるから。

小さな変化がまとまると、いろいろなことが、奇跡的に変わる。

しかも、いったん変わったら、元に戻りにくい。

なぜなら、その大きな変化は、無数の小さな部分でできているため、安定感抜群だから。

たとえるなら、太い一本の鉄材よりも、細い鉄材を撚り合せたもののほうが、強度が強いのと同じこと。

強力で、崩れにくい。

よいことは、もっとあります。

小さな習慣なら、小さくひとつずつ増やして、ゆっくり慣れてゆける。

たとえば、こんなふうに。

スケジュール帳は、いつも常に、持ち歩く。

予定は、絶対に書きつける。

朝、一日の予定に優先順位をつ

け直す。用事がたくさんある日は、メモ用紙に順番をメモして、スケジュール帳にはさんでおく。これにかかる時間は、たった五分だけれど、必ずおこなう。

必要のない書類は、受け取らないし、止める。開封して確認して、捨てるのに、時間がかかるから。

必要のある書類は、すぐに確認する。行動する時間が必要なら、スケジュール帳にすぐに、予定として書き込む。

メールやネットを、ライブでチェックしない。集中力が切れると、結果的に、効率の悪い時間の使いかたになるから。

ネットは、定期的に切る（というよりも、定期的に入れる）。つまり、常時つなぎっぱなしには、しない。これは、慣れるまでは意志が必要な習慣。けれども、慣れてしまえば、スッキリする。たった二時間、ネットを見ていない間に、私の世界はひっくり返らないし、大したことも起こっていないと、実感で理解できるから。

もちろん、スマホを横に置いてチェックしながら、何かをするということは、しない。

即返しない。

必ず、スケジュール帳で予定を確認して、時間計算をしてから、返信をする。

夜遅くまで、予定を詰め込まない。

時間というのは、けっきょく足りなくなるもの。それなのに、遅くまで予定を詰め込んでいては、ゆっくりする時間が、ぜんぜんなくなるから。

私の人生は、誰かに自慢したり、誇るためや「見せるため」用のものではない。

だから、私が「幸せ」と感じる時間ペースを心がける。それが、ぶかっこうでも、気にしない。

ひとつずつを取り上げれば、どれも、がっかりするほど平凡な習慣たち。

でも、「スケジュール帳を常に持ち歩く」とか「ネットを定期的に切る」なんていうことなら、すぐにできそうでしょ？

そして、それらの小さな習慣が積み重なると、びっくりするほど、人生が変わってゆくのです。

その奇跡の大きさゆえ、トライするのが楽しくなります。

やめられません。

WORK-7

小さな力を、味方につける

WORK-7-1

「人生を変える！」

このことに関して、あなたが今まで持っていたイメージは、
どんな感じだっただろう。

一気にすべてを変える感じ？ 大変そう？

今まで心に持っていたイメージを、書いておこう。

WORK-7-2

あなたが、「第一希望の人生」のためにできる、
小さくて具体的な変化は、何だろう。
—— 朝の時間を、10分だけつくる？
—— スケジュール帳は常に、持ち歩く？
—— 一週間に一回、大きな「灯台の時間」をつくって、自分をいたわる？
思いつくごとに、書いてみよう。

WORK-7-3

小さな変化を継続するために、気をつける必要のある「自分ルール」が、
何かあるだろうか。
—— ゴハンはまとめづくりをする？
—— ダラダラ残業せずに、ぱっと退社する？
—— 帰宅する前に、カフェに寄る？
—— ネットを、定期的に切る？
考えつくアイディアを、書き出しておこう。
そして、必要だと思ったら、実行に移してみよう。
あなたの弱点は、あなたが、いちばん知っている。
うまく意識化して、工夫して、弱点を補おう。

WORK-7-4

なるべくなら、楽しい変化になったほうが、嬉しい。
あなた自身を勇気づけるために、あなたなりに、
工夫できることはあるだろうか。
私は、習慣を定着させているさいちゅう、スケジュール帳に
シャチハタ印を押すことがあります。まるで、夏休みのラジオ体操で、
「できました」のハンコをもらうみたいに。
あなたなりのアイディアがあったら、書いておこう。

WORK-7-5

小さな変化にチャレンジしてみて、実際に試してみた感想を、
書いて残しておこう。
小さな変化のことを、今までなめていたなら、なおのこと、書いてゆこう。
小さな変化を実行してみたら、どんなことが、変わってきた？
どんなふうに、自信がついてきただろう。
意識化して、自分をきちんと認めて、励ましてゆこう。

できれば、小さく時間を見つけて、毎日やってみよう。

大きな区切りで、試してみよう

一年をかけて、ゆっくりと記録をつけてみると、変化がさらに、よくわかる。
よかったら、記録しながら、試してみよう。

BEFORE

1ST TRY-1

今回は、何の変化にチャレンジすることに決めた？

心の中の「想い」を、書いてゆこう。書いてゆくことで、チャレンジすべき具体的な「形」を、見つけてゆこう。

1ST TRY-2

そのチャレンジの「隠れテーマ」は、何だと思う？
チャレンジしてみることで、とにかく、一歩を踏み出してみたい？
一歩を踏み出すことのほうに、意味がある？
チャレンジに隠された「隠れテーマ」を、見つけてゆこう。
（その「隠れテーマ」をクリアできたら、たくさん褒めよう！）

BEFORE

1ST TRY-3

あなたの心の中の「想い」を、具体的な「形」にするとしたら、
どんな「形」が考えられる？
思いつくアイディアを、ひたすら書いてゆこう。
一発正解でアイディアがひらめいたり、一日ですべてのプロセスがわかることは、まれ。何日かかけて、思いつくたびに、書き出してゆこう。

BEFORE

1st Try-4

書き出したアイディアの中で、
「まずは最初の一歩」にふさわしいアイディアは、どれだろう。
最初から、大きな桁に踏み出すのではなく、二週間以内に実行できることを
ひとつの基準として、アイディアを選ぼう。

1st Try-5

チャレンジしようとしていることを、スケジュール帳の上に、
具体的な予定として、書き出そう。
もちろん、準備の時間も、忘れずにスケジュールしておこう。

AFTER

1ST TRY-6

ここからは、行動してみた後に、記録してみよう。
チャレンジを試してみて、うまくいった点は、何？
どんな発見があった？
変化の道のりの中で、どんな奇跡や縁、どんな素敵なことと出会っただろう。
発見がゼロということや、成果なしということは、ない。
ひとつ行動すると、そこには必ず、次の行動へのヒントが含まれている。
自分と対話して、書き残しておこう。

AFTER

1ST TRY-7

弱点だと気づいたことは、何だろう。
それも、チャレンジしなければわからなかった、大切な発見。
大切に、書き出しておこう。

AFTER

1ST TRY-8

「想い」を、具体的な「形」にする、チャレンジの中。

次は、どんな工夫で弱点を補ってあげたら、もっとうまくゆくだろう。

アイディアがあったら、書き出しておこう。

AFTER

1ST TRY-9

あなた自身を、たっぷり褒めよう！
何はともあれ、試してみた勇気に、温かな言葉を送ろう！

AFTER

1ST TRY-10

次は、どんな方向でチャレンジしたら、うまくゆくと感じた？
チャレンジの直後は、直感や意識の感度が上がっている。
浮かんだ発見やアイディアを、書き出しておこう。その発見はきっと、
次のチャレンジへの、大切な情報になるから。

おつかれさまでした！

REPEAT

トライしてみよう

長いサイクルで、何周でもトライできるワーク。
テキスト部分のみを、以下に記しておきました。
あなたの希望に応じて、ノートなどで試してみてください。
あなたの人生の変化の具合に、驚かれるかもしれませんよ。

2ND TRY-1

今回は、何の変化にチャレンジすることに決めた？
心の中の「想い」を、書いてゆこう。書いてゆくことで、チャレンジすべき具体的な「形」を、見つけてゆこう。

2ND TRY-2

そのチャレンジの「隠れテーマ」は、何だと思う？
チャレンジしてみることで、とにかく、一歩を踏み出してみたい？
一歩を踏み出すことのほうに、意味がある？
チャレンジに隠された「隠れテーマ」を、見つけてゆこう。
（その「隠れテーマ」をクリアできたら、たくさん褒めよう！）

2ND TRY-3

あなたの心の中の「想い」を、具体的な「形」にするとしたら、
どんな「形」が考えられる？
思いつくアイディアを、ひたすら書いてゆこう。
一発正解でアイディアがひらめいたり、一日ですべてのプロセスがわかることは、まれ。何日かかけて、思いつくたびに、書き出してゆこう。

2ND TRY-4

書き出したアイディアの中で、
「まずは最初の一歩」にふさわしいアイディアは、どれだろう。
最初から、大きな桁に踏み出すのではなく、二週間以内に実行できることを
ひとつの基準として、アイディアを選ぼう。

2ND TRY-5

チャレンジしようとしていることを、スケジュール帳の上に、
具体的な予定として、書き出そう。
もちろん、準備の時間も、忘れずにスケジュールしておこう。

2ND TRY-6

ここからは、行動してみた後に、記録してみよう。
チャレンジを試してみて、うまくいった点は、何？
どんな発見があった？
変化の道のりの中で、どんな奇跡や縁、どんな素敵なことと出会っただろう。
発見がゼロということや、成果なしということは、ない。
ひとつ行動すると、そこには必ず、次の行動へのヒントが含まれている。
自分と対話して、書き残しておこう。

2ND TRY-7

弱点だと気づいたことは、何だろう。
それも、チャレンジしなければわからなかった、大切な発見。
大切に、書き出しておこう。

2ND TRY-8

「想い」を、具体的な「形」にする、チャレンジの中。
次は、どんな工夫で弱点を補ってあげたら、もっとうまくゆくだろう。
アイディアがあったら、書き出しておこう。

2ND TRY-9

あなた自身を、たっぷり褒めよう！
何はともあれ、試してみた勇気に、温かな言葉を送ろう！

2ND TRY-10

次は、どんな方向でチャレンジしたら、うまくゆくと感じた？
チャレンジの直後は、直感や意識の感度が上がっている。
浮かんだ発見やアイディアを、書き出しておこう。その発見はきっと、
次のチャレンジへの、大切な情報になるから。

おつかれさまでした！

THE LITTLE BOOK OF TIME AND LIFE
なりたい自分になる7つのステップ

発行日 2017年11月15日 第1刷

Author 藤沢優月

Book Designer 三木俊一＋高見朋子（文京図案室）
Illustrator 村山宇希

Publication 株式会社ディスカヴァー・トゥエンティワン
〒102-0093 東京都千代田区平河町2-16-1 平河町森タワー11F
TEL 03-3237-8321（代表） FAX 03-3237-8323
http://www.d21.co.jp

Publisher 干場弓子
Editor 千葉正幸

Marketing Group
Staff 小田孝文 井筒浩 千葉潤子 飯田智樹 佐藤昌幸 谷口奈緒美 古矢薫 蛯原昇 安永智洋 鍋田匠伴
榊原僚 佐竹祐哉 廣内悠理 梅本翔太 田中姫菜 橋本莉奈 川島理 庄司知世 谷中卓 小田木もも

Productive Group
Staff 藤田浩芳 原典宏 林秀樹 三谷祐一 大山聡子 大竹朝子 堀部直人 林拓馬 塔下太朗
松石悠 木下智尋 渡辺基志

E-Business Group
Staff 松原史与志 中澤泰宏 中村郁子 伊東佑真 牧野類

Global & Public Relations Group
Staff 郭迪 田中亜紀 杉田彰子 倉田華 李瑋玲 蒋青致

Operations & Accounting Group
Staff 山中麻吏 吉澤道子 小関勝則 西川なつか 奥田千晶 池田望 福永友紀

Assistant Staff
俵敬子 町田加奈子 丸山香織 小林里美 井澤徳子 藤井多穂子 藤井かおり 葛目美枝子 伊藤香
常徳すみ 鈴木洋子 内山典子 石橋佐知子 伊藤由美 押切芽生 小川弘代 越野志絵良 林玉緒 小木曽礼丈

Proofreader 鷗来堂
Printing 株式会社厚徳社

ISBN978-4-7993-2185-0